落花时节又逢君

欣梦享
ENJOY LIVING

纵马踏花向自由 ②

子非秋月——著

江苏凤凰文艺出版社

图书在版编目（CIP）数据
纵马踏花向自由. 2 / 子非秋月著. -- 南京 : 江苏凤凰文艺出版社, 2025. 9. -- ISBN 978-7-5594-9825-0
Ⅰ. I207.22
中国国家版本馆CIP数据核字第2025P8N433号

纵马踏花向自由.2

子非秋月 著

责任编辑	王昕宁
特约编辑	孙一民
装帧设计	莫意闲书装
责任印制	杨　丹
特约监制	杨　琴
出版发行	江苏凤凰文艺出版社
	南京市中央路 165 号，邮编：210009
网　　址	http://www.jswenyi.com
印　　刷	文畅阁印刷有限公司
开　　本	880 毫米 × 1230 毫米　1/32
印　　张	9.5
字　　数	150 千字
版　　次	2025 年 9 月 第 1 版
印　　次	2025 年 9 月 第 1 次印刷
书　　号	ISBN 978-7-5594-9825-0
定　　价	59.80 元

【子非秋月，为您讲述】

目录

题记

他是大唐的“诗豪”，亦是命运的逆旅者。

少年得志，科第连捷，却因革新之志，屡遭贬谪。

朗州九年，播州未至，仕途坎坷，志气不减。

他以诗为剑，讽刺权贵；以文为舟，载道传情。

与柳宗元“二十年来万事同”，与白居易诗酒唱和，情深义重。

他采撷民歌，创作《竹枝词》，咏史怀古，留下《乌衣巷》。

他不屈不挠，笑对风霜，终成一代文宗。

今读其诗文，仍感其风骨犹存，精神不朽。

刘禹锡

被称为『诗豪』的我，最大的秘密是热爱生活

（一）

你的名字，叫作刘禹锡。

你出生在大唐的盛世——大历七年（772）。你的祖先是汉景帝的后裔，七代祖刘亮曾是北魏的刺史，追随孝文帝迁都洛阳，颇有雄才大略。而你的父亲刘绪，则在“安史之乱”的动荡时局中举家东迁，落脚于彭城，并在那里为官。你在这片江南水乡中度过了少年时光，那江南的烟雨楼台、绿水青山，成为年少的你的灵魂滋养，亦为你的诗篇埋下了浪漫和深情的种子。

你自幼聪慧异常，才华横溢。儒家经典、诗词歌赋贯穿了你的整个童年。你在这江南的书香门第埋头苦读，心怀抱负。你不仅从家学中汲取智慧，还曾远赴吴兴（今浙江省湖州市），跟随当时著名的高僧，而这些经历也在无形中影响了你后来的诗风，使你常常以乐观豁达之态度书写人生。

在那竹林古刹之中，你品味诗韵、感悟人生，领悟到诗歌之道不仅是字词之间的巧妙铺陈，更是对自然和人世的深情体察。你的心中渐渐萌生了改变世界的志向，你不愿仅仅成为一名诗人，而是想在朝堂上施展才华，济世安民。

十九岁时，你走出江南，踏上了求学洛阳与长安的旅途。这是一次才子的聚集，也是你命运的一个转折点。在大唐的政治和文化中心，你遇见了韩愈、柳宗元等才华横溢的文人志士。他们与你一同游学，一同纵论天下，渐渐在士林中声名鹊起。

贞元九年（793），你与柳宗元同时登第，成为进士，这一刻，你离你的理想又近了一步。那时的你意气风发，行走于长安城中，带着骄傲向世人介绍自己："我乃中山靖王刘胜之后！"

此后不久，你再登博学宏词科，展现了你在学问上的深厚造诣。二十四岁时便被授予太子校书的职务。你的声名逐渐远播，就连太子极为器重的王叔文都称你有宰相之才。朝廷重臣纷纷与你为友，你的身边更是满布志同道合的知己。

那时，你写下了《赏牡丹》，字里行间流露出无尽的豪情和自信："唯有牡丹真国色，花开时节动京城。"

赏牡丹

庭前芍药妖无格，池上芙蕖净少情。

唯有牡丹真国色，花开时节动京城。

但之后不久，你丁忧回乡，父母的离世仿佛时刻在提醒着你，人生的道路并非都是光明坦途。

贞元十六年（800），你被杜佑辟为掌书记，随他辗转于徐州、泗州、濠州各地。幕僚生涯虽是琐碎，但你代杜佑撰写了许多表章、奏疏，展现了你卓越的文才与政治敏锐性。在杜佑的推崇与提拔下，你渐渐崭露头角，成为淮南节度幕府中的重要人物，你命运的转折也随之到来，那是在唐顺宗继位之时。

你的好友王叔文和王伾，这两个有志于改革朝政的人相继得到唐顺宗的信任，进入中枢，他们希望能借助这个机会改革朝廷积弊，恢复大唐的生机。而你，正是他们最为器重的才俊之一。

你被任命为屯田员外郎，判度支盐铁案，参与国家财政的管理。这一时期，你的政治热情空前高涨，和柳宗元一同成为革新集团的核心人物。

永贞元年（805），你与王叔文等一群意气风发的青年发起一场轰轰烈烈的变革，旨在削弱藩镇与宦官的势力，恢复唐王朝的繁荣昌盛。

一系列激进的改革措施，虽然具有进步意义，却很快触动了藩镇、宦官及保守派的利益。保守势力联合反扑，改革的理想戛然而止。

唐顺宗被迫让位于太子李纯，而你们这些改革派的核心人物，成为众矢之的。王叔文被赐死，王伾病逝，而你和柳宗元等八位忠实追随者，也被一同贬为远州刺史，后来更是被降职为司马。这段历史，就是著名的“八司马事件”。

面对突如其来的打击，秋风中的萧瑟景象映照着你的心境，可你没有沉溺在失意中，反而大笑着挥笔写下了《秋词二首》。

秋词二首·其一

自古逢秋悲寂寥，我言秋日胜春朝。

晴空一鹤排云上，便引诗情到碧霄。

“自古逢秋悲寂寥，我言秋日胜春朝”，你以豪情回应秋日的萧条。一只白鹤凌空而上，便是你诗情飞扬的象征。**这是你面对逆境的姿态，纵然风吹寒蝉，依然选择笑对人生。你不只是说说而已，而是用行动证明自己。**

（二）

永贞元年（805），秋风中夹杂着一丝凉意，你离开长安，开始了贬谪的旅程。

目的地是遥远的朗州（今湖南省常德市），那是一个远离权力中心、蛮荒僻远的地方。你知道，这次贬谪意味着你从朝堂的风云人物变成了边远之地的一名司马，几乎没有实权，也没有明确的职责。但你心里也清楚，这不仅仅是一场流放，更是一次与自己内心的漫长对话。

到达朗州之后，贫寒几乎成为你生活的常态。朗州的风土人情虽然优美，但物质的困窘让你难以过上安逸的日子。然而，你并未因此而沉沦，甚至从未抱怨这份困顿。你始终怀抱着一种积极向上的精神，始终保持对生活的热爱。

朗州的百姓古朴淳善，你渐渐融入他们的生活之中。你看着劳作的农人，听着河畔的民歌，感受这片土地的生命力。你把这些风土人情化作诗句，歌颂着见到的每一个场景。在《采菱行》里，你描绘了一幅秋日湖边的生动画面，这不仅是自然的写照，更是对生活的礼赞，充满了蓬勃的生命力。

你并不满足于仅仅描写这些风俗场景。在你的笔下，朗州的山水孕育出更多深刻的思考。你通过咏物寓言诗揭露世间的黑暗与不公，暗讽宦官和权臣的狰狞面目和丑恶灵魂，借自然之物，表达对公正与光明的追求。这些诗句不仅是对个人情怀的宣泄，更是对整个社会的不平与腐败的批判。

在《学阮公体三首》中，你写下了："少年负志气，信道不从时。只言绳自直，安知室可欺？"

学阮公体三首

少年负志气，信道不从时。
只言绳自直，安知室可欺？
百胜难虑敌，三折乃良医。
人生不失意，焉能慕知己？
朔风悲老骥，秋霜动鸷禽。
出门有远道，平野多层阴。
灭没驰绝塞，振迅拂华林。
不因感衰节，安能激壮心？

昔贤多使气，忧国不谋身。

目览千载事，心交上古人。

侯门有仁义，灵台多苦辛。

不学腰如磬，徒使甑生尘。

你认为，人生太过顺遂并不一定是好事，挫折反而能够使人更清醒、更深刻地理解社会和现实。正如你所写："不因感衰节，安能激壮心？"正是这些磨难，使得你在面对命运的不公时，依然保持着对未来的坚定信念。

回望永贞革新，尽管那次政治改革最终以失败告终，你却从未后悔。你坚信自己的选择没有错，那些诽谤与谗言只是暂时的。你不为权势所屈服，也不为个人得失而忧虑。你心中所忧的是国家的前途，而不是自己的荣辱。哪怕身处边远之地，哪怕日子贫寒凄苦，你的心中依然燃烧着那团理想的火焰。

在朗州的十年，你并没有被贬谪击倒，相反，你在这一片边远的山水之间找到了自我超越的力量。

同时，你还写下了多篇重要的哲学论文，特别是你与柳宗元相呼应的《天论》三篇，充分展示了你深刻的哲学思考。通过这些文字，你不仅表达了对命运的不屈，更展现了对天地万物运行的深刻洞察。

（三）

元和九年（814），朝廷召你回京，但这并非意味着幸运的到来。是的，你终于奉诏回京了，然而朝堂早已物是人非。

面对这些年间因政治投机而得势的权贵，你心中不屑。次年，你再次挥笔，于玄都观写下了包含辛辣讽刺的《元和十年自朗州至京戏赠看花诸君子》。

元和十年自朗州至京戏赠看花诸君子

紫陌红尘拂面来，无人不道看花回。

玄都观里桃千树，尽是刘郎去后栽。

你在诗中暗指，那些投机取巧之人借机上位，直言若非当年被贬，他们怎有今日的荣光？这首诗自然引起了朝堂的风波。

就因为这首诗，你得罪了执政者，被贬至更加偏远的播州（今贵州省遵义市）。幸而好友裴度、柳宗元等人竭力相助，才使你得以改派至连州（今广东省连州市）为刺史。

你在连州度过了五年岁月，即便身处远离权势的边地，你依然不改推行文化的志向，潜移默化地影响着当地的风气，使得连州文脉日益昌盛。可以说，是你开创了连州千年的文脉，后世赞你有“开连州千年文脉之功”。

命运似乎还未打算放过你，二十三年间，你多次被贬谪，辗转于各地，几乎每段岁月都充满了坎坷。然而，你的才华从未被磨灭。

身处夔州时，你写下脍炙人口的《竹枝词》系列，描绘当地的风土民情，其中一首更是成为传世之作。

竹枝词二首·其一

杨柳青青江水平，闻郎江上踏歌声。（“踏歌”一作“唱歌”）

东边日出西边雨，道是无晴却有晴。（“却有晴”一作“还有晴”）

长庆四年（824），你被调任和州（今安徽省和县）刺史。或许某些上层人物对你的到来早有安排。因此，和州县令怀揣私心，准备以冷遇来对付你，企图让你这位曾经意气风发的朝廷重臣尝到挫折的滋味。

你初到和州，便被告知不能居住于官舍，只能迁至城南一处靠江的简陋居所。你对县令的用意心知肚明，对世态炎凉、世事无常更是司空见惯。你并未因此愤懑，反而平静接受了这番安排。每日望着江水东流，心情舒朗，眼前帆影点点，胸中却涌动着几分思辨的情怀。

于是，你写下“面对大江观白帆，身在和州思争辩”这副对联，既是对现实的坦然面对，也是内心执着不屈的独白。

可是，县令如何能忍受你这样一位被贬之人在被如此针对之后还能怡然自得呢？于是，他找借口再一次调整了你的住处。这次你被迁到北城，居所面积又缩减了一半。即便如此，你依旧心平气和地生活在柳荫河畔，笑看四周翠柳婆娑，绿意盎然。论居所如何变化，在你的内心，往昔的壮志始终不曾远离。

和州县令见你屡次迁居仍未显露一丝狼狈之态，心中更为不满。他决定用更损的手段来对付你，命人将你搬至县城中部，安置在一间狭小的屋子里。更过分的是，他命人搬来一块巨大的石头，放置在你门前，似乎想用这冰冷的石块压垮你最后一丝尊严。

然而，你并未因此动摇，在简陋的居所中，你提笔写下了不朽的名篇——《陋室铭》：

陋室铭

山不在高，有仙则名。水不在深，有龙则灵。斯是陋室，惟吾德馨。苔痕上阶绿，草色入帘青。谈笑有鸿儒，往来无白丁。可以调素琴，阅金经。无丝竹之乱耳，无案牍之劳形。南阳诸葛庐，西蜀子云亭。孔子云：何陋之有？

你心知，一个地方的荣光并不在于它的高低或深浅，而在于其中的人是否具有德行。你居所虽简，却因你的品德而为人称颂。

你心怀淡泊，追慕诸葛亮的南阳草庐与扬雄的子云亭。在这方简陋的天地中，真正的精神世界才是你的依托。孔圣曾言：“何陋之有？”此话正是你心中所感，一处居所的陋与不陋，全在于人的德行与内心的修养。

当你提笔落下最后一句，眼前那块被县令故意搁置的石头突然成为灵感的源泉。你没有怨怼，反而命人将这篇《陋室铭》刻于石上，让这块石头见证这段经历。

你的不凡，已不在世俗的得失荣辱之中，而在于你超越了这局限的精神境界。

随后，你又辗转于苏州、汝州、同州等地担任官职。虽然仕途艰难，但你始终保持着乐观坚毅的态度。到了大和元年（827），你终于回到东都洛阳，任职尚书省，结束了你长达二十三年的贬谪生涯。

此时的你，已年过花甲，须发微霜。如今重游故地，你的心境已大为不同。长安城的繁华与喧嚣，也掩盖不住岁月在你身上刻下的风霜痕迹。

一路向北，途经扬州，你与白居易不期而遇。这位昔日的同僚、志趣相投的诗友，如今亦是历经沉浮，彼此之间的情谊早已超越了世俗的荣辱沉浮。扬州的秋风吹拂，带来江水的凉意，你们却在这凉意中把酒言欢，畅叙离别久长的感慨与重逢的欣喜。

白居易看着你那略显苍老的面容，心中不免涌起无限感慨。

他深知，这世间的坎坷并非人人能承受得住的，你的坚持、你的从容，令他心中满怀敬意与叹惋。于是，白居易端起酒杯，举目凝视，沉声道："二十三年的坎坷，怕是难以承受吧。"他这句话带着一丝沉重，仿佛要为你过去的辛酸与命运的不公发出叹息。作为朋友，他希望你能放下那些压在心头的负担，卸去那无尽的坎坷。

然而，你依旧微笑着，仿佛历经世事沧桑的你早已无惧风雨。你举起酒杯，豪迈地笑道："沉舟侧畔千帆过，病树前头万木春。"

酬乐天扬州初逢席上见赠

巴山楚水凄凉地，二十三年弃置身。

怀旧空吟闻笛赋，到乡翻似烂柯人。

沉舟侧畔千帆过，病树前头万木春。

今日听君歌一曲，暂凭杯酒长精神。

你用这一句话、一首诗回应了白居易的忧虑。不管过去的岁月如何艰难，你仍然相信，未来还有无限的生机与可能。

你的回答，令白居易心中震动。他未曾想到，在历经如此多的磨难之后，你仍能保持豁达与乐观。这不仅仅是对自己命运的超然，也是对世事的深刻洞见。

时光仿佛在这一刻停驻，你们在杯盏之间回望着彼此的人生轨迹。对你而言，过去的二十三年虽充满了挫折，但这些挫折已然锤炼了你的心志。你不再执着于一时的成败，而是以更广阔的视野去看待生命的起伏。

夜色渐深，扬州的月光洒在河面，微波荡漾。你和白居易的对话似乎也渐渐沉入了这片宁静的夜色之中。

你心中清楚，无论未来如何，内心的从容与坚韧，才是你真正的财富。

回望来路，二十三年的坎坷已成过眼云烟。而你，在这风云变幻的时局中，依然保持着那份潇洒与豪迈。

回京之后，你再次踏上玄都观的石阶。

这座你曾经屡次光顾的道观，依然静立在那片熟悉的山水之间，仿佛岁月未曾在它的青砖黛瓦上留下过任何痕迹。然而，当你推开院门，映入眼帘的景象与往昔截然不同。

你曾在这里见过万树桃花怒放，粉霞般的花朵灿烂地挂满枝头，仿佛那些一时得势的小人，肆意张扬着他们的短暂荣光。

如今，那些桃花早已凋零，盛景不再，留下的不过是满院苔藓和几株菜花，孤零零地在春风中摇曳。这个曾经喧嚣的庭院，如今显得寂静而荒凉，仿佛与那些被时代所淘汰的人物一同褪去了光彩。

你缓步走过这片苔痕青绿的庭院，目光在一草一木间流连，心中不禁升起一种莫名的情感。

时光易逝，当年的光鲜与荣耀，随着时间的流转早已烟消云散。而那些一度在朝堂上得势的小人，如今又身处何地？

他们曾依仗权势，如桃花般争奇斗艳，以为可以永享荣光。可时光流逝，他们的荣光早已随风而逝，正如这庭院里被苔藓覆盖的瓦砾与阶梯，早已无迹可寻。

站在这空旷的庭院中，你喃喃自语：“前度刘郎今又来。”

再游玄都观

百亩庭中半是苔，桃花净尽菜花开。

种桃道士归何处，前度刘郎今又来。

这些字眼里透着几分自嘲，又带着几分感慨。你清楚，人生如潮起潮落，曾经的你被贬谪，孤立无援，而那些趁势而上的小人正如桃花般艳丽喧闹。

如今你再度归京，正如同昔日的“刘郎”去而复返一般，这一切不过是时间的轮回。而那些一度得势的小人，如今早已无影无踪，甚至连名字都已经被人遗忘。

世事如棋局，短暂的浮沉并不能决定一切。

那些依仗一时权势的人，不过是时代的过客，终究逃不过被历史的洪流洗刷殆尽。而你，尽管历经坎坷，却依然坚守着内心的从容与信念。无论命运如何多舛，你始终坚信，时间是最公正的裁判，终将证明一切。

你的心境比以往更加澄明，不再为曾经的贬谪而感伤，也不再为眼前的复职而欢欣。你早已超越了个人的得失荣辱，站在这庭院之中，俯瞰世事如流水般逝去。

你与那些短暂得势的小人不同，时间没有击倒你，反而让你在岁月的洗礼中愈发坚韧与清醒。这庭院的菜花虽不及桃花那般绚烂，却带着一种朴素的生命力，随风摇曳，默默生长。你轻声叹息，时间会冲走浮华，留下生命的真谛。

你的归来，正如同这庭院中依然绽放的花朵，虽然不再张扬，但内心的力量早已深植于时间之中，历久弥坚。

玄都观依旧伫立，而你早已明白，自己不再是那个为一时得失而心存执念的少年。你站在这满布苔痕的庭院中，遥望未来，心如止水，淡然地面对世事的再一次轮回。

回到长安之后，得到裴度的照顾，你心中燃起了东山再起的希望。

凭借着多年积累的政治智慧和丰厚的才学，你渴望在这个时刻重掌大局，为国家和百姓贡献自己的满腔热血。

然而，命运往往不遂人愿，局势的变化超出了你的掌控。不久，裴度被罢免知政事之职，而你的好友白居易等人也先后离开了朝廷，令你在朝中举步维艰。

曾经意气风发、怀揣共济天下之志的伙伴早已各奔东西，留下你独自苦苦支撑。不久，你遭到李宗闵等人的排挤，被迫远离长安。

离开权力的中心，你来到了苏州，担任刺史。面对江南的山水，你的心境或许也平静了些许。

在这几年的时光里，你努力施政，关注民生，内心却始终无法彻底摆脱远离朝廷的遗憾。然而，人生的波折并未止步于此，接下来，你被贬调至汝州，后又调任同州刺史。你辗转于各地，虽身居地方，却依然心怀天下，岁月的历练让你在仕途上更加成熟稳重。

开成元年（836），你被调回东都，担任太子宾客、秘书监等职。虽然这是个名义上的闲职，职务本身无关紧要，但你早已看透了官场的浮沉，不再为仕途得失所困扰。

你在东都的日子，更多的是一种隐居般的宁静，你时常与诗友们相聚，吟诗作对，话旧抒怀。你对权力的淡泊，映射出你心中的超然与从容。

（四）

会昌元年（841），你终于回到长安，尽管年事已高，依然被加封为检校礼部尚书。这一封衔，或许对曾经的你而言并无实质意义，但它是对在仕途上历经多年风雨的你的一种承认。你的人生似乎又回到了一个新的起点，只不过这时的你，已不再执着于政治上的得失，而是更加看重精神上的超越。

晚年时，你来到洛阳，与故友白居易、裴度等人频繁交往，吟诗作赋，互相唱和。

白居易是你的挚友，同样也是你的知音。年纪渐长，你们的身体都不如从前那般健朗，眼疾、足疾接踵而至，阅读和行走渐渐变得困难。

白居易有时感到沮丧与悲观，写下了《咏老赠梦得》，以这些深情的文字与你共勉。

你看完这首诗，心中感慨万千，随后，以一首《酬乐天咏老见示》回赠白居易。

酬乐天咏老见示

人谁不顾老，老去有谁怜。

身瘦带频减，发稀冠自偏。

废书缘惜眼，多炙为随年。

经事还谙事，阅人如阅川。

细思皆幸矣，下此便翛然。

莫道桑榆晚，为霞尚满天。

你们两位老友在字里行间互相安慰，互诉衷肠，尽管年老体衰，却依然保持着内心的光辉。你坚信，即便暮年已至，人生的风景依旧可以绚烂如霞，人依旧能够拥有充实而丰盈的精神世界。

你的诗篇依然犀利，依然充满了对社会的关怀和对美好生活的追求。

在《乌衣巷》中，你用轻盈的笔触写下“旧时王谢堂前燕，飞入寻常百姓家”，诗中流露出的是对世事变迁的感慨，但同时也展现了你屡遭打击却始终不屈的意志。

乌衣巷

朱雀桥边野草花，乌衣巷口夕阳斜。

旧时王谢堂前燕，飞入寻常百姓家。

会昌二年（842），你在洛阳病逝，享年七十一岁。

一口气概述

他的名字，伴随着他的诗篇，流传千古。虽然他的仕途充满坎坷，理想未能完全实现，但他用诗歌、用文字，留下了一个不屈不挠、志存高远的灵魂。他的一生，是大唐历史中光辉的一页，也是中华文化中不可磨灭的精神丰碑。

他叫刘禹锡，是一个屡败屡战的士人，一个永远在追求光明的诗人。

刘禹锡，哪怕在漫长的贬谪岁月中，也依然坚守着他最初的信念，从未动摇。他的诗歌中，常常蕴含一种借古讽今的深沉情怀，尤其是在咏史诗中，他对历史的感慨与现实的无奈交织在一起。

诗人内心的惆怅和迷惘，既关乎他对国家的忧虑，也源自他仕途不顺的痛楚。在经历了政治理想的破灭后，他的诗中饱含着悲愤与无奈，那种怀才不遇、壮志难酬的苦涩渗透在字里行间。

然而，随着时间推移，他的心境逐渐变得旷达与豪迈。那句“晴空一鹤排云上，便引诗情到碧霄”便是他精神飞扬的象征。在诗歌创作的后期，他写下了“心如止水鉴常明，见尽人间万物情”，似乎对世事有了更为深邃的领悟。

这种平和与通透，不仅体现在对自身遭遇的豁达上，也见证了他对人生更高境界的追求。

他最为人称道的或许是那句“沉舟侧畔千帆过，病树前头万木春”，这一句映射出他对历史变迁的达观，饱含着对未来的希望和对生命韧性的信念。

刘禹锡的诗歌充满了感染力，那种力量并非来自年少时的热血冲动，而是在经过了二十余年坎坷与磨难之后，仍然能看到“沉舟侧畔千帆过，病树前头万木春”的坦然。他将个人的苦难化作对世事的深思，将内心的挣扎转为对未来的憧憬。

有人曾叹道：“夕阳无限好，只是近黄昏。”但刘禹锡偏要回应：“莫道桑榆晚，为霞尚满天。”人们常以秋日象征悲凉，他却坚信“秋日胜春朝”。

纵使经历了二十余年的贬谪生活，他依然不以为意，处之泰然。他的心境早已从风霜洗礼中得到了升华，他成为千古流传的诗豪，实至名归。

那么，刘禹锡到底强在哪里呢？

刘禹锡的山水诗，开辟了一种不同于大历、贞元诗人狭小气象的广阔格局。诗中的景象常常超越了实际空间，半虚半实，营造出开阔而灵动的意境。比如，他写道：“水底远山云似雪，桥边平岸草如烟。”（《和牛相公游南庄醉后寓言戏赠乐天兼见示》）“野草芳菲红锦地，游丝撩乱碧罗天。”（《春日书怀寄东洛白二十二杨八二庶子》）这些诗句不仅描绘了风景，更融入了诗人内心的情感，构成一种宁静、平和的氛围。

尽管刘禹锡曾言“能离欲则方寸地虚”，但他参与“永贞革新”

的政治活动，表明他并非意图遁世，而是想在庙堂实现理想。

他的性格刚烈、倔强，因此，他在诗中常常表现出一种昂扬开朗的精神。例如，在《秋词》之一、《同乐天登栖灵寺塔》中，诗人展示了一种高亢的力量，展现了超越时空的开阔视野和人生的壮阔感。

刘禹锡的诗歌不仅以雄健的气势见长，更蕴含着深沉的思想内涵。他在政治失意和屡遭贬谪的经历中始终保持着斗士般的精神，写下了如《元和十年自朗州承召至京，戏赠看花诸君子》《重游玄都观绝句》等讽刺政敌、抨击时弊的诗篇。

这些作品不仅展现了他刚毅的性格，也强化了他诗人气质中的孤傲与反抗精神。名句“沉舟侧畔千帆过，病树前头万木春”不仅反映了他对历史的沉思，更表达了他对未来的乐观信念与坚韧的精神。

刘禹锡的诗风简练而明快，既有哲人的睿智，又饱含诗人的深情。

他的七言绝句如《浪淘沙词九首》其八（全诗如下：莫道谗言如浪深，莫言迁客似沙沉。千淘万漉虽辛苦，吹尽狂沙始到金）既简练晓畅，又蕴含深刻的思想，表现出一种超越苦难的坚定信念。刘禹锡还创作了别具特色的民歌体诗作而闻名，如《竹枝词》《杨柳枝词》等，这些作品语言清新朴素，透露出浓郁的生活气息，传递了他对民间文化的热爱与继承。

除了诗歌，刘禹锡的赋作在唐代辞赋史中也占有重要地位。其作品以《秋声赋》最为著名，既抒发了逐臣之悲，又融入了儒家兼济天下的思想。

他的辞赋创作大多在贬谪期间完成，因此饱含着怀才不遇的悲凉与对世事的反思。同时，他的唯物主义思想体现在《天论》三篇中。他提出了天与人“交相胜，还相用”的观点，强调自然界的职能与人的职能各有不同，表达人类可以利用自然、治理万物的积极进取精神。

刘禹锡的思想受到佛教与唯物主义的双重影响，他的诗论中提到“能离欲则方寸地虚，虚而万景入”，即在摆脱欲望后，心灵得以净化，万象自然入心。

这种将禅理融入诗歌的创作手法，使他的作品在简洁明快的语言中蕴含着深邃的哲理和广阔的意境。

刘禹锡的诗文不仅仅是时代精神的缩影，更是个人思想与艺术修养的结晶。他以开阔的胸襟和坚定的信念，承载着对历史、社会和自然的深刻洞察，展现了诗人独有的超脱与执着。他的作品在雄健气魄与细腻情感之间取得了高度平衡，既饱含哲理，又富于生活气息，表现了他对人生的积极态度和对苦难的超越。

他的诗作如涓涓细流，穿越时空，不仅滋养着后世的文学土壤，也为我们提供了面对风雨的智慧与勇气。

是的，他就是刘禹锡，他最大的秘密，是热爱生活。

曾经，他在朝堂上风华正茂，言辞犀利；曾经，他在贬谪中寂寞失落，孤身远行。可无论身处高峰还是低谷，他始终未曾被命运的起伏击倒。他笑看人生的悲欢离合，深知风霜不过是过眼云烟。

那一日，夕阳如血，长江水在脚下奔腾不息，天地广阔无边。他独立在江畔，双目炯炯，仿佛看透了人世的种种不平，却毫不畏惧。他张开双臂，迎接那扑面而来的江风，心中无比坦然与豪迈。苦难无法打碎他的意志，挫折却会让他更加坚定。

他热爱着这片大地，热爱着这广袤的天空，热爱着人间的一切，不论是繁华还是落寞。

哪怕曾被流放千里，哪怕曾被孤立寒江，他心中的豪情从未冷却。他知道，生活中的每一段坎坷都像是江河中的波涛，有起有伏，但最终都将归于平静，奔向浩瀚的大海。

“人生苦短，何不纵情而行！”他朗声一笑，笑声随风而去，江水卷着他的豪迈回荡在天地之间。仿佛此时此刻，他已与这天地融为一体，浩然正气，永不衰竭。

这，就是刘禹锡，一位饱经风霜却从未低头的诗人，一位心中始终充满光明与热血的勇者。**他的秘密，不仅是热爱生活，更是永远相信未来有无限可能——不论何时何地，都昂首大笑，迎风而行。**

柳宗元

孤独，
是我与这个世界对话的唯一方式

题记

人生天地间，谁不期盼着轰轰烈烈活一场？可世事无常，总有人跌落风尘，被迫背井离乡。柳宗元，本是长安城中的翩翩才子，却被命运抛向了遥远的柳州。就是在这偏远的荒僻之地，他以一颗赤诚仁心，化苦难为甘露，让深陷奴役的贫苦百姓重获自由，让荒芜的土地再生丰茂，更让贫瘠的人心从此有了光亮。

（一）

你的名字，叫作柳宗元。

大历八年（773），你出生在长安，那个声名赫赫的河东柳氏，列祖列宗曾为北魏侍中、济阴公，亦有人位列宰相之尊。可惜到了你这一代，家族气象渐显式微。尽管如此，你仍以出身为荣。你的父亲柳镇，刚正不阿，明经出身，曾任殿中侍御史，是个公正清廉、敢言直谏的好官；而你的母亲卢氏，出自范阳卢氏，温婉贤淑，信佛敬礼，是你生命中最早的灯塔。

大历十二年（777），年幼的你随母亲居住在长安西郊的庄园里。初春的田野尚带寒气，母亲却已在院中设席，让你端坐身旁，带你朗读诗书。她轻声叮咛："子厚，你当静心读书，日后做一个博学有用之人。"那时的你，尚不识天下之事，父亲因公务常年在外，母亲便成了你人生最初的师者。

建中三年（782），建中之乱爆发，藩镇与朝廷冲突日渐激烈，战火波及长安。你虽然还小，却已能感受到城中人心惶惶，街巷间，流离失所的百姓让你心生隐痛。传言乱兵将至，母亲不敢停留，带着你千里奔赴夏口，投奔父亲。舟车劳顿，江风刺骨，你在江边远远望见父亲忙碌的身影——披甲守城，神情倦怠，那一刻，你第一次感受到乱世之苦与为政之艰。你不再是官宦人家的孩子，而是在风雨飘摇中渐渐觉醒的少年。

贞元元年（785），战火稍息，你的父亲奉调赴江西任职，你又跟随他辗转南方。一路上江南水乡的秀丽风光与北地的战乱破败形成了鲜明对比。你的父亲为官清廉，不畏权贵，常常直言进谏，因此得罪了朝中权臣。有人劝父亲退让，父亲却一脸坚毅："吾目无涕。"他仿佛在说，即使屈居人下，他也无惧强权，无愧于心。你虽然年少，却对这铿锵之言颇为崇敬，将其铭刻于心。

也是在这一年，藩将李怀光发起的叛乱被朝廷平定，南方州郡一片欢腾。崔中丞听闻你读书勤勉，又略有文名，竟派人来请你代他写一篇《贺平李怀光表》上奏皇帝。你虽惶恐，却不敢懈怠，在昏黄的烛光下熬了几个通宵，仔细斟酌措辞。忙碌几日后，你满怀忐忑地呈上奏章，意料之外地博得一片喝彩。有人惊叹你年少能文，也有人觉得"神童"之名并非虚言。一时间，大家都在传颂那个名叫"柳宗元"的少年的才华。

写完那篇奏表，你发现文字的力量不仅能怡情养性，更能参与家国大事。文人的犀利笔锋，不也是另一种刀剑吗？你想，这正与父亲一直以来的坚守相呼应——忠耿正直、心系万民。这是你家几代人留下的宝贵家风，也是你毕生所愿坚守的信念。

孩童时代的动荡与见闻，在你胸中埋下了一粒种子，随着所见所闻的增长而不断生长。母亲的仁慈与父亲的刚直在你心底交融，成就了你对儒学与佛理的并行观照，也让你在日后的道路上愈发坚定。

就这样，你怀着少年心气，在父母的教诲中一路成长，目睹朝局的离乱，也见识社会的百态。随着岁月的推移，你的心中逐渐凝聚出一个抱负：**若有朝一日能立足庙堂，一定要将笔墨化为利剑，匡正时弊，拯救黎民于水火，这才不枉读书人的一片赤诚。**

（二）

时间来到贞元九年（793）。那一年，你站在长安的街头，心中澎湃不已。二十一岁的你，刚刚通过了进士考试，名列榜上，成全了少年时的梦想。你曾想象过无数次，自己与一群志同道合的文人并肩，笔端所至，尽展风华。然而，当你的名字从榜上跃然而出时，那种激动和惊喜，被某种深沉的情感替代——父亲的突然去世，让你的心绪变得愈加沉重。那时，你刚刚步入仕途，正准备迎接新的挑战，却不得不放下所有，回到家中守丧。父亲柳镇，是你的一生偶像，他的教诲犹在耳畔。

他曾告诉你：“世事无常，唯有保持心境，方能立足。”然而，命运的无常仿佛在你身上刻下了不可磨灭的痕迹。父亲走了，留给你的，不仅是无限的悲痛，还有责任与承诺。

三年过去了，父亲的离世让你对命运有了更深的认识，痛失亲人的感觉如同那冰冷的长安冬夜，久久挥之不去。但你知道，无论如何，生活还得继续。于是，你回到了仕途，参加了博学宏词科考试，并顺利通过。这一次成功，并没有让你沾沾自喜，反而让你感受到一种与年少时不同的沉重——你已经不再是那个只想着文学才子梦的青年，心中更多是对国家、对人民的责任感。

这一年，你得以担任集贤殿书院的正字，负责校对经籍，管理皇家图书，虽然职位不高，但也肩负着一份不可忽视的责任。这让你想起了父亲曾告诉你的话："读书不仅是为了个人的成就与光辉，更是为了国家的兴盛和百姓的安宁。"或许这句话，才是真正驱动你继续前行的力量。

岁月匆匆，三年后，你被任命为蓝田尉，重新回到基层，开始接触更多的社会现实。你见到了无数百姓的疾苦，深知藩镇割据、宦官干政的严重性。于是，你开始将更多的精力投入政治改革上，并逐渐明白，文字的力量远不及实际的行动。你将心中的理想与抱负注入每一份报告、每一篇奏章，期待能够通过这条道路改善百姓疾苦，重建国家秩序。

然而，最令你难以忘怀的，还是那段任职监察御史的岁月。当你与刘禹锡、韩愈两位挚友共同担任这一岗位时，你们并非简单的同事，更是知己与伙伴。每天你们讨论的不仅是文学艺术的细节，更多的是国家的改革与未来。你们曾经讨论过无数次："如果我们能改变一国的命运，百姓的苦难是否就能早日结束？"你们曾盼望能以一腔热血，为这个国家带来新的气象。尽管政治局势波谲云诡，尽管那股汹涌的变革之火被许多不可抗力的因素扑灭，但在你们心底，那份渴望未曾改变，理想始终未曾熄灭。

是的，你心里很清楚，改革之路充满荆棘，但你已不再是那个单纯的文学青年。你已经意识到，身为饱读圣贤书的读书人，不仅要在文辞上求得一时的盛名，更要通过实际行动来承担国家的重任。

如今，你站在这条更加广阔的道路上，回首过去的一切，才发现你走的不仅是个人的书生路，还有那条满载家国使命的坎坷之途。你知道，真正的担当，在于把个人理想与国家命运紧密相连。

但你从未想过，理想与现实之间会有如此深不可测的鸿沟。曾几何时，你与王叔文、王伾、刘禹锡等人一同怀揣着救国安民的雄心壮志推行改革，誓要让大唐恢复昔日盛世之辉煌。你们全心全意推行“永贞革新”，从打击藩镇、整顿税收，到废除宫市、惩治贪官，改革举措如春风拂面，振奋了无数民众的心。可命运的脉络远比你所愿意看到的更加复杂。因为与王叔文等人的政见契合，你被提拔为礼部员外郎，掌管着国家的礼仪、祭祀与贡举。你的目光不再停留在书卷之间，而是投向更广阔的政治舞台。于是，你开始着手推行革新，你们推行的改革引起了宦官、藩镇及许多保守势力的强烈反抗，虽然短期内，民众的支持给你们带来过一丝希望，但权力的博弈始终让你难以安稳入眠。

你清楚地记得那一天，宦官集团的动作愈发激烈。曾经支持你们的顺宗皇帝因病情加重，已无法继续理政。很快，顺宗被迫禅让帝位给太子李纯，历史称之为“永贞内禅”。李纯继位后，对你们革新派充满敌意，坐视你们一手建立的政治局面逐渐崩塌。

年轻时，你和王叔文在长安街头讨论过什么是理想，曾誓言要以仁政救国、重振大唐的辉煌。如今，你站在崩溃的漩涡中心，面对眼前的变故,内心只有无法言喻的惆怅与无奈。背后是曾经的同盟与朋友，眼前却是无情的权力，你深知自己已经无力回天。

最令你感到心寒的，并不是外界的打压，而是许多人开始和你们划清界限。

但你，柳宗元，依然坚定不移。你看着那些背弃之人的眼神，心中涌起一股愤慨。为何要在权力面前低头？为何要放弃曾经共同的理想与奋斗？你回忆起父亲柳镇曾在面对困境时所说的那句话：“吾目无涕。”正是这句话，让你在逆境中仍能保持一颗坚韧的心，始终不向命运屈服。

初到被贬之地永州，周围的一切都让你感到陌生。永州远离京城，几乎与世隔绝。这里的环境异常恶劣，无论是湿热的气候，还是满地的蛇虫野兽，都让你一个北方人感到水土不服。而更让你难以忍受的，是母亲的病痛。

母亲早年随你四处迁徙，承受了你仕途的风雨与辛酸，然而，你将她带到的这片贫瘠之地，竟成了她的葬身之地。那年五月，她在这里因病去世。

四年后，你的女儿也在永州病逝。看着她年幼的脸庞上血色渐渐消逝，你几乎失去了所有的力量。一个接一个的打击，犹如海浪将你淹没在无尽的深渊之中。你曾尝试振作，想要用文字与理想填补内心的空虚与悲伤，但每次一动笔，泪水便模糊了视线。

曾几何时，你站在朝廷的中心，怀揣着改革的理想，期望能为大唐复兴贡献一己之力。而如今，你只能在这片遥远的荒野中，回忆起那些早已逝去的梦想，任凭时光无情地摧残。

元和元年（806）你突然接到了宪宗的诏令，这让你心中像是被重重击打了一下。你知道，自己已被彻底排除在历史的舞台之外。诏令写道："纵逢恩赦，不在量移之限。"

这意味着，哪怕是天下大赦，你也永远不能再回到长安，不能重拾你曾经的理想与抱负。

无论如何，理想与现实之间的鸿沟，已经无法再跨越。你本就性格不外露，情感内敛，孤独成了你最亲密的朋友。在永州的日子里，你不仅要忍受自然的恶劣环境，还要与无尽的痛苦与内疚作斗争。可即便如此，你仍旧不曾后悔过自己的选择。尽管改革失败，尽管你最终被逐出权力的中心，但你始终坚信——**只要心中有理想，就没有真正的失败。**

就在这段孤独的岁月里，你开始重新审视自己的人生。在这荒凉的山水之间，你开始尝试放下曾经的执着与理想，转向内心更为深沉的思考。你走出庙宇，走入山林，随心而行，去体会这片大地的风光，在这个过程中，你虽然没有得到外界的称赞，却暂时"忘记"了过往的痛苦与遗憾。

那是元和四年（809）的暮春，永州的湿气裹着青苔爬上你的木屐。

你才三十几岁，鬓角已染了霜，晨起对镜时，总觉眉眼间压着永州多年不散的雾。吴武陵踏着竹叶来叩门，说西郊山涧里有块宝地，你便跟着他往深林走去。

你心头有些沉重，带着不为人知的悲伤与无奈。当你走到距离小丘百二十步的地方时，你忽然听到水流的声音，仿佛那水声带着某种熟悉的慰藉，你心中不由自主地涌上一股愉悦感，你不禁停下脚步，仔细聆听着那悠扬的水声，任由它带走心头的阴霾。

你伐竹取道，踏步下坡，终于见到了那潭水。那潭水清澈透亮，仿佛能见底，四周的青树翠蔓交织成一片，摇曳着枝条，随风轻舞。潭中的水清澈得令人心生宁静，阳光洒在潭水上，鱼儿的影子与石头交织，影影绰绰，既清晰又模糊。

“这些鱼儿认得人！”宗玄抛了块卵石，鱼群倏地散作星子。你看到这里，哈哈大笑。

对，那个时候的你其实是很开心的，因为离开了纷呈烦恼的官场这一是非，在这里找到了这样一块清静之地，看到游鱼的怡然自得，灵魂得到了净化和复归。

忽有山风掠过，你的影子碎在波纹里，鱼群竟聚拢过来，啄食水面上柳子厚的倒影。你伸手去触碰，寒意却顺着指尖爬上臂膀。有条胆大的鱼竟贴着你的倒影游弋，须尖扫过水面时，你错觉这鱼好像长安曲江池的锦鲤游过千山万水，来舔舐你这位永州罪臣的孤影。

你摇了摇头，不想太多，连忙招呼众人来食胡饼。

你们坐在石台上分食胡饼，龚古掏出酒葫芦浇在潭边。琥珀色的酒液蜿蜒成蛇，你突然看清这潭水的命脉——西南方溪流如折断的北斗，明灭处藏着更深的寒。岸石犬牙交错，像极了你被撕扯得支离破碎的半生。

寒意从石缝爬上脊梁，你恍惚看见王叔文临刑前回望的那一眼。潭水突然成了墨池，倒映着你这位罪臣的萧索。无法预知的命运，似乎正与这小石潭的景色相呼应。空气中弥漫着寒气，风吹过树梢，发出低沉的声响。那一瞬间，你的内心突然感受到了一种深深的凄凉和孤独，身体不由自主地颤抖了一下。周围的景象虽然宁静美丽，但也令人感到无尽的寂寞与清冷。

“该回去了。”吴武陵扶你起身。他掌心的茧子粗粝，与十年前国子监同窗递来的酒盏是两种温度。

你回望了一眼那潭水，心中生出一丝不舍，却也明白这份宁静并不属于你。于是，你带着几分不舍和几许自嘲离开了这里。临走时，你将这一切记下，因为在这片山水中，你感受到了某种无法言喻的情感，那是你内心的愤懑与孤独交织在一起的反映。

你参与改革，失败被贬，心中愤懑难平，因此，凄苦是你感情的基调，你寄情山水，正是为了摆脱这种抑郁的心情；但你发现，这种“乐”，毕竟是暂时的，一经凄清环境的触发，忧伤、悲凉的心境便会流露出来。

这些景象，便是你心境的写照——清澈、孤独、寂寥，却又带着一丝丝不易察觉的生命力。或许，正是这些景象，促使你写下了《小石潭记》。

小石潭记

从小丘西行百二十步，隔篁竹，闻水声，如鸣珮环，心乐之。伐竹取道，下见小潭，水尤清冽。全石以为底，近岸，卷石底以出，为坻，为屿，为嵁，为岩。青树翠蔓，蒙络摇缀，参差披拂。（“珮”一作“佩”）

潭中鱼可百许头，皆若空游无所依。日光下澈，影布石上。佁然不动，俶尔远逝，往来翕忽，似与游者相乐。（“下澈”一作：“下彻”）

潭西南而望，斗折蛇行，明灭可见。其岸势犬牙差互，不可知其源。

坐潭上，四面竹树环合，寂寥无人，凄神寒骨，悄怆幽邃。以其境过清，不可久居，乃记之而去。

同游者：吴武陵，龚古，余弟宗玄。隶而从者，崔氏二小生，曰恕己，曰奉壹。

这些年来，你不断地在写作中寻找自己，每一次拿起笔，你都像是与过往的自己告别，又像是与未来的自己对话。在永州的这些年，你渐渐学会了如何在孤独与沉寂中找到自己的安慰。那时的你，已经从朝堂的风云变幻中退场，远离了曾经热衷的政治理想，内心充满了落寞与失望。世事沧桑，你曾因政治抱负而奋力拼搏，然而如今，已是一个被遗弃在角落的人。

这片荒山野岭，充满了你曾经无法逃避的痛苦与孤独，正如那首你写下的《江雪》：

江雪

千山鸟飞绝，万径人踪灭。

孤舟蓑笠翁，独钓寒江雪。

在漫天飞雪中，万物寂灭，一舟孤影，纵使钓竿轻垂，心中依旧是“千山鸟飞绝，万径人踪灭”的孤寂。而这孤寂，又似乎成了你此生的缩影——孤独地漂泊在历史的边缘，俯视那些曾经浮华的梦想如梦幻泡影般破碎。这份孤独的背后，是曾经满腔热血的政治理想逐渐冷却，是曾经渴望改变命运的雄心，如今化作了深深的自嘲与无声的泪水。

元和十年（815）十二月，朝廷传来诏令，召你和刘禹锡等人回朝。

十年饮冰，满腔的激情早已化作一抹温暖的余晖，照在曾经的梦想上。拿到这份诏书，你忍不住泪如雨下。

不是因为对未来充满期待，而是为了那片曾经属于你的土地，你的故乡。即使你深知，这次归来，或许再也无法恢复曾经的光辉。那时，你兴奋地写下了《诏追赴都二月至灞亭上》：

诏追赴都二月至灞亭上

十一年前南渡客，四千里外北归人。

诏书许逐阳和至，驿路开花处处新。

你在长安待了不过短短一个月，却因刘禹锡的一首桃花诗，再次遭到政敌的陷害。

他写：紫陌红尘拂面来，无人不道看花回。玄都观里桃千树，尽是刘郎去后栽。

因为这首诗，你们被政敌诬告“无悔过之心”，再遭贬放。你心如死灰，宛如荒芜大地上被随风打翻的尘土。柳州更远、更偏。你明知，自己已远离了长安，也远离了曾经的荣耀。

挚友刘禹锡，因那首诗被贬去的播州比柳州更为遥远艰苦。你心中难安，忧虑他母亲的健康，便上书朝廷，请求让你们二人对调，让刘禹锡到条件稍好的地方。虽然朝廷没有完全答应，但将他调到连州，也算是你的一番努力没有白费。尽管身体不再健康，但你的心早已习惯为朋友操心。

然而，这段友情的陪伴并未持续太久。你们从衡阳分别时，心中满是伤感。你的心早已被岁月削磨得脆弱，每一次分离都让你感到一种无法言喻的痛楚。泪水在眼中打转，回望已远，曾经的梦想和那些共同度过的时光都像流星一样，消逝在了无尽的黑夜里。于是你写下了《重别梦得》：

重别梦得

二十年来万事同，今日歧路忽西东。

皇恩若许归田去，晚岁当为邻舍翁。

你们曾一同走过风雨，彼此陪伴着度过艰难的时光。那时，你多么希望能在晚年时期，和好友安静地一起过平凡的日子，做邻里老翁。

然而，这个小小的愿望，终究未能实现。这次告别，竟成了你们最后的离别。

初到柳州，身为刺史，你登上城楼，远望四周，心中百感交集。你不禁想起那些与你一同被贬的朋友。曾经，你们在风雨中并肩作战，共同经历了无数风波。而如今，彼此身处天南地北，音信难寻，心中难免涌起一阵孤寂与伤感。不知何时，能再见面，重温那份并肩作战的情谊？于是，你挥笔写下了这首《登柳州城楼寄漳汀封连四州》，以寄托心中的无尽愁思：

登柳州城楼寄漳汀封连四州

城上高楼接大荒，海天愁思正茫茫。

惊风乱飐芙蓉水，密雨斜侵薜荔墙。

岭树重遮千里目，江流曲似九回肠。

共来百越文身地，犹自音书滞一乡。

早在“永贞革新”之前，你便有过豪言“致大康于民”“心乎生民而已”“无忘生人之患”。这不仅是你的政治主张，更是你立身为官的根本理念。

来到柳州之后，你便着手推行了许多改善百姓生活的举措。首先，你废除了奴俗，解放了奴婢。在唐朝，等级森严，奴婢处于社会的底层。那些拥有奴婢的豪强地主，对百姓的压迫更是残酷无情。你不惧权贵，毅然决定废除奴婢的终身制，允许他们通过赎身或者劳动来获得自由。

通过这样的改革，你打破了奴婢的身份固化，为那些无辜的百姓带来了一线生机。这一举措也得到了后世的高度评价，成为你的政治遗产之一。

其次，你关心民生，积极发展生产。柳州的地理条件虽然不如长安等大城市，但你依然通过种植柑橘、竹子、柳树等方式，改善了当地的环境，为百姓提供了更好的生计。同时，你还在城里打井，解决了人们的水源问题。这些看似平凡的小事，实则为百姓的生活带来了实实在在的改善。

此外，你还兴办学校，恢复了“府学”，提倡文化教育，传播中原的先进文化。当地百姓曾迷信鸡卜、祭牲等陋习，你便利用手中的权力，破除这些迷信，推广医学，倡导科学。你深知，只有通过教育，才能真正改变人们的思想，才能为国家的未来铺路。

在柳州的四年里，作为一名地方官员，你没有低头依附权贵，也没有迎合上级。你始终以百姓为本，精于州务，勤政为民。你坚信，民本思想才是治国之根本，唯有站在人民的一边，才能真正为国家的未来打下基础。

自从来到柳州，你的身体几乎被病痛吞噬。即便如此，你仍然没有停下为百姓操心的脚步。虽然身体越来越虚弱，但你始终觉得，自己不能辜负了人民的期待。“许国不为身谋”，你宁愿承受这些痛苦，默默忍受下所有的委屈，也不愿让百姓的希望因你而破灭。

然而，在长安的唐宪宗，始终对“永贞革新”中的“罪臣”耿耿于怀，心中充满了不解与怨愤。反对派的攻讦不断地阻挠，致使你重回长安的希望遥不可及。岁月无情，官场的失意与流亡生涯的孤独，仿佛一股无法挣脱的阴霾，时刻笼罩在你的心头。

病痛、失意、乡愁，这一切如同无形的锁链，将你紧紧束缚。回望往事，你已不再年轻，头发渐白，心头的忧虑愈加沉重。岁月无情，何时能回到故乡，何时才能结束这漫长的流亡生涯，成了你最大的疑问。时光荏苒，你的生命正在悄悄流逝，你深知自己的时日可能已经所剩无几。你写下诗句，心中充满了对故乡的渴望与思念：从此忧来非一事，岂容华发待流年？

病痛折磨与政治的失意让你的愁绪更加浓重，心烦意乱。你的身体愈发虚弱，你的思绪却时常飘向故乡，仿佛那座遥远的山川仍然能给予你力量。

在你生命的尽头，总有一种深刻的预感，知道自己时日不多。于是，你从容地开始料理后事。你将自己所有的作品整理好，寄给刘禹锡，希望他能够帮你将这些作品汇集成集；而你的四个未成年的孩子，你托付给了刘禹锡和韩愈，期望他们能照顾好这些孤苦无依的孩子。

与此同时，在长安，吴武陵、裴度等老友依然在四处奔走，为你说情，力求将你调回长安，然而，命运如同你的健康一般，早已不受掌控。还未等到重返长安，你便在柳州病逝了，年仅四十七岁。**你的一生，凄苦而短暂，但你无悔于自己所做的一切。你的身体或许已经陨落，但你深知，那个为民请命、为友分忧的自己，永远不会消失在这片土地上。**

是的，你的故事，到这里就结束了。

一口气概述

他的名字，叫作柳宗元。

他是唐代文学的重要人物，不仅是古文运动的杰出代表，还是一位哲学家、政治家、诗人和散文家。他的作品涉及哲学、政治、文学等多个领域，影响深远，至今仍被传颂。

柳宗元的哲学思想继承并发扬了唯物主义，批判天命论，强调社会历史是自然发展的过程。

在佛学方面，柳宗元虽不是虔诚佛教徒，但从中汲取思想，将佛学与儒家思想结合，以达心灵的解脱。他的思想兼容并蓄，成为唐代思想的独特风景。

柳宗元的诗歌语言朴实、风格淡雅，特别是在《江雪》《渔翁》《溪居》等作品中，他通过清新峻爽的笔触表达了流放期间的幽怨与哲理。他的诗歌展现了深沉的情感与思考，影响了后代诗人。

他的辞赋作品继承了屈原的传统，情感真挚，形式严谨。他的“九赋”和“十骚”代表了唐代辞赋的高峰，体现了他在困境中的坚持与理想。

在散文创作上，柳宗元与韩愈共同发起了古文运动，主张“文道合一”，提倡文章反映现实、批判时弊。他的作品如《永贞革新论》《捕蛇者说》等，不仅在艺术上创新，也在思想上引领了唐代散文的革新。

柳宗元的山水游记《永州八记》在中国古代山水游记中占有一席之地，他通过细腻的笔触对自然景色进行描写，表达了对自然的深刻感受和内心情感的抒发。

此外，柳宗元的寓言作品，如《黔之驴》《永某氏之鼠》，通过生动的故事揭示了社会的不公与人性的弱点，流露出强烈的社会责任感。

柳宗元的文学成就横跨诗歌、散文、辞赋、寓言等多个领域，作品在形式和内容上均具有创新意义，并对后代文学产生了深远影响。无论是哲学思考，还是文学形式上的突破，他都为中国文化的传承做出了杰出贡献。

永州十年的冬夜，柳宗元常常盯着结冰的砚台发呆。长安的月光曾照在翰林院的青砖上，如今却碎在蛮荒之地的瘴江里。但这个人没有放任自己溺死在愤懑中——他在潮湿的竹纸上写《黔之驴》，笔锋一转竟成了寓言大师；给渔翁、樵夫、牧童立传时，字字都浸着土地的生气。

最让我动容的是他的矛盾。写《江雪》时分明说“天地间只剩我一人”，转头却在柳州修水井、办学堂、放奴婢。那个独钓寒江的身影，怀里其实揣着温热的人间烟火。就像他总说“余虽不合于俗”，可翻开《永州八记》，满纸都是对一草一木的痴缠。

读他的诗文总觉得有雪粒子往骨头缝里钻。不是苏轼“大江东去”的旷达，也不是杜甫“沉郁顿挫”的悲怆，而是像永州江畔那些嶙峋的怪石，被命运反复冲刷后，反而显露出粗粝的生命力。

柳州城头的木棉花年复一年地绽放，柳宗元最终没能重返长安。

但他在精神荒野中开辟的道路，让后世文人看到另一种可能：当庙堂之路被迫切断之后，思想的星空依然璀璨。他的命运似乎是从灿烂的荣光走向深沉的孤寂。

恰恰就是在这样的孤独与落寞中，他的笔触开始变得更加有力、更加深邃。他在南方的瘴疠之地，完成了对士大夫精神世界的重新测绘。这种在绝境中的创造性转化，让中国文学史拥有了最苍劲的冬日意象，也让知识分子的精神图谱上多了一条向死而生的曲线。

在临终前，他或许会想起自己写过的诗句：“若为化得身千亿，散上峰头望故乡。”那个昔日的长安少年最终没能回到故乡，却在他用血泪浇灌的南方土地上长出了新的根系。这种在绝境中依然保持书写姿势的倔强，比任何华丽的修辞都更接近文学的本质。这种本质，其实更像是如今的我们竭力寻找的对抗异化的精神抗体。

当现代人困在“996”的忙碌里，在短视频算法里被迫成为“新永州司马”，那个在寒江边独钓的身影突然变得鲜活——他提醒我们：**真正的觉醒，往往始于承认所处系统的荒诞；而人的高贵，正在于看清生活的真相后，仍选择在废墟上种植一株思想的芦苇。**

王勃

写出了《滕王阁序》的我，
倒在了风华正茂的二十六岁

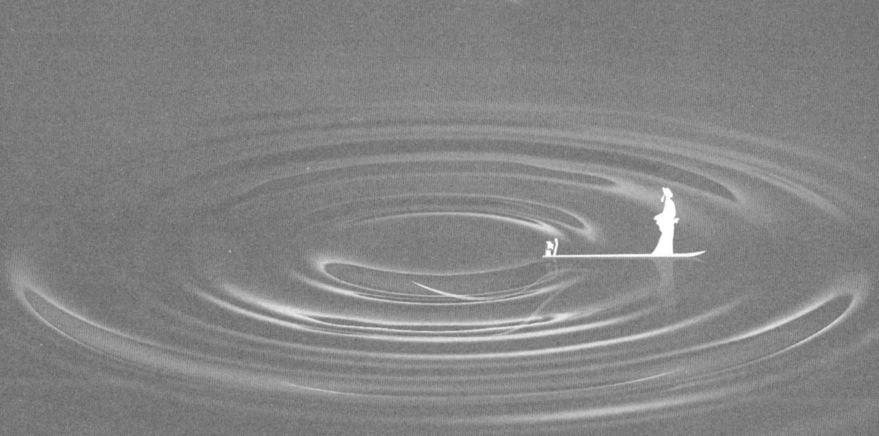

题记

有人生来注定是流星，短暂一瞬，却永照千秋；有人注定如朝阳，曙光一抹，惊艳山河。初唐之际，有少年名曰王勃，六岁赋文，九岁批史，二十余载生命短暂如白驹过隙，却以一篇《滕王阁序》映照盛唐初阳。

他一路恃才傲物，却命途多舛，似烟花绚丽，亦如鸿雁悲凉，多少传奇故事与他共舞，却终成绝响，徒留后人慨叹唏嘘。

（一）

你的名字，叫作王勃。

你生于绛州龙门，那里山水并重，土壤中浸透着千年的儒学气息。你的家族声名煊赫，世代尊崇儒学。祖父王通学识渊博，声名远扬，著述等身，是唐代初期的一代儒宗，而叔父王绩则是名满天下的田园诗人，一首《野望》早已成为人们耳熟能详的名篇。你出身的这个家族，宛若一座学问的巍峨高山，继承与革新并重，承载着时代的风骨与传统的厚重。

在这样的家族中，你自幼便显露出不凡的天资，你父亲王福畤对自己的七个孩子的才华引以为豪，尤其对你这个三子寄予厚望。他的朋友杜易简曾称你和你的两位兄弟为“王氏三株树”，意指你们文才卓越、英姿飒爽。六岁那年，你便能提笔作诗，诗文的构思巧妙，词气恢宏，才情如清泉涌动。

九岁时，你开始通读颜师古注释的《汉书》，不仅通晓其中奥义，更敢于批判前人，撰写了《指瑕》十卷，逐条指出颜师古的疏漏之处。这样浩瀚的见解令周围人皆为之惊叹，在他们眼中，你不只是个少年，更似学识丰盈的智者。王家家风的深厚底蕴，在你身上得到了淋漓尽致地展现。

十岁时，你的学识已远超常人，《诗》《书》《礼》《易》《乐》《春秋》六经于你而言，早已熟稔于心。祖父的期望、父亲的骄傲、家族的荣耀，仿佛都浓缩在你的才思中。你以儒学为基，文章中则带有少年的英气与昂扬，表现出对家族传承的无比自信。

十二岁至十四岁之间，你暂别文学，开始追随名医曹元学习医术。自古以来，儒家讲求“修身齐家治国平天下”，你却在年少之时便立志以医济世，决意要以自己的学识回馈家人，报答长辈。你用心钻研《周易》《黄帝内经》《难经》等典籍，对“三才六甲之事，明堂玉匮之数”也有了深刻理解。医学的博大精深并未使你退缩，相反，你在其中找到了另一种对世道的理解。

十六岁那年，你参加了朝廷的“幽素科”考试，以卓越的成绩及第，得以授职朝散郎。未冠而仕，你以极年轻的年龄步入官场，才情为朝中之人所称道。你深知自己的抱负，不止于一时之仕，而是渴望在政治上实现自己的理想。你用文字抒发胸臆，以诗篇昭示才华。麟德元年（664），你写下《上绛州上官司马书》，表达自己渴望为国效力的决心，言辞恳切、真挚动人，深得上官赏识。

麟德二年（665），你心中满怀抱负，在朝中谋求一展宏图的机会。你知道，才华是刀刃，稍有不慎，便会将自己划伤。然而，你未曾顾及这锐利的才气对世俗的冲撞，依旧是那般意气风发，热血沸腾，渴望一举成为大唐的栋梁之材。

恩师曹元无数次叮嘱你：子安，到了社会上，锋芒不要外露，一定要低调，莫要出风头，要沉下心来深造。这番话，是老师的良苦用心，是师长对后辈的殷切期望。然而，你生来便拥有不凡的才情和昂扬的志气，这番教导，没几日便被你抛到了脑后，毕竟，你的才华如烈火般，想要平凡无声几乎是不可能的。

乾封元年（666），那年你十六岁，正值唐高宗封禅，盛典举世瞩目，文人墨客纷纷献诗颂词。你也借此机会上了一篇《乾元殿颂》，字句华丽，意境恢宏。唐高宗一见之下，赞不绝口，称你为“奇才”，即刻授予你朝散郎之职。自此，你名扬天下，你在朝堂上意气风发，恍若璞玉雕琢初成，放射出夺目的光彩。朝中年轻的贵族子弟们皆对你的才华钦佩不已，纷纷争相与你结交。

你才名大振，与杨炯、卢照邻、骆宾王一并被人称为“初唐四杰”，是年少诗人的翘楚。而世人皆称“初唐四杰”之首非你莫属。你才思涌动，文辞华丽，满腹经纶，似要将胸中万卷诗书一吐为快。你的诗篇，壮美如锦绣，豪情似烈焰，既有大唐江山的豪迈，也有万里长空的浩气，成为世人心中的风雅之作。唐高宗亦视你为“奇才”，对你的才华倍加赞赏。彼时的你，无论在朝中，还是在文坛，都已然光芒四射，是大唐朝野共称的文坛奇才。

（二）

你的名字，叫作王勃。

年纪轻轻的你已然才华横溢、声名远播。不到二十岁，你便在长安初露头角，唐高宗和沛王李贤皆赞赏你的才学，家族上下无不以你为荣。长安的纸醉金迷、诗酒风流正是你的舞台，你意气风发，前途似锦。你也为自己感到得意，常在友人面前露出些许骄傲之色。

某日，你的好友杜少府即将离开京城，被调往蜀地任职。他满心惆怅，看着你，带着几分自嘲的口吻道："还是京城好啊，真羡慕你，哪像我被发配，山高路远。"你轻轻一笑，拍拍他的肩膀，劝慰道："大老爷们，别说这种丧气话。"杜少府叹了口气，低声道："兄弟这一去，不知什么时候才能再见。"

你笑着安慰他，故作轻松地说："只要朋友在，天涯海角也不觉得远。不要哭哭啼啼的，来，我给你写一首诗，以慰旅途风尘。"于是，你沉思片刻，挥笔写下千古传诵的名篇：

送杜少府之任蜀州

城阙辅三秦，风烟望五津。

与君离别意，同是宦游人。

海内存知己，天涯若比邻。

无为在歧路，儿女共沾巾。

这五津之地虽遥远、荒凉，前路或是寂寞，但你劝慰朋友，心中有知己，便不惧距离。你和杜少府都身处宦途，朝堂之上，迁徙难免。你虽年轻，却早已习惯了离别与漂泊，写下这诗句，便如送友一程。

你劝慰友人："无为在歧路，儿女共沾巾。"身为男子，何须在离别之际儿女情长？

在大唐，这样的宦游生涯注定要离乡背井、四海为家。多少仕途人被派往远方，开始一生的漂泊，寻觅着功名的归宿，心中却惦念着家乡的山水。

此刻，杜少府走上他的大道，而你依然驻足原地，望着他逐渐远去的背影，心中既有不舍，也有希冀。

只是那时的你不知道，在这条宦途上，你送别过无数友人，也留下了无数首离别诗篇。最后一个送别的人，竟是风华正茂的自己。

花开两朵，各表一枝，才情有时犹如烈火，炽热得会烧伤自己。

乾封元年（666）之后，你的命运遭遇波折。你接受了沛王李贤的邀请，成为他的侍读，工作简单清闲，主要是陪伴王爷读书写诗，以及处理文书。你与沛王李贤和英王李哲年纪相仿，关系亲密，他们对你的才情更是推崇备至。沛王李贤酷爱斗鸡，这在贵族子弟中是一种流行的游戏，每次斗鸡的场面都是热闹非凡。贵族们往往为此争得面红耳赤，身边人也总是围观助阵，喧闹不已。

一次，沛王新得一只品相极佳的斗鸡，兴致勃勃，决定要在府中与英王李哲一决高下。他让你替他起草一封战书，给英王下战帖，让对方一见，便知这场斗鸡的盛大气势。你生来文思如泉涌，哪儿会写一封平淡无奇的信函？你洋洋洒洒地写下《檄英王鸡文》，这篇战帖饱含你特有的风采，笔法轻快，妙趣横生，寥寥数句便写尽斗鸡之激烈，竟隐隐透出战场厮杀的气势，俨然是一篇生动的檄文。此文一出，府中人纷纷赞叹。贵族们将这篇檄文竞相传阅，一时间成为长安的谈资。

然而，这篇檄文最终被传到唐高宗的案前。唐高宗本对斗鸡之风并无好感，他是崇尚儒家礼法的君王，视此为浮夸之事。高宗逐句看完你的檄文，脸上浮现出冷峻之色。你在文中写“羽书捷至，惊闻鹅鸭之声；血战功成，快睹鹰鹯之逐”，高宗只觉这些句子不吉利，有人竟将斗鸡写得仿若战场厮杀，似乎在暗喻皇族之中会有血光之灾。你的言辞激昂、煽动性强，甚至让高宗误以为你这是在挑拨他的儿子们内斗。盛怒之下，他怒问身边的太监：“谁写的？这种文章竟敢公开流传，难道是诅咒我大唐有灾祸？是何居心？”

太监战战兢兢地答道：“回陛下，这正是您曾盛赞的才子，王勃所作。”

高宗震怒：“狼子野心！他竟敢离间朕的儿子，无法无天，立即逐出王府！”

你不过是想抒发一番才情，未曾想这些文字会成为你的罪证。就在你自信满满之际，朝堂风云突变，命运的锁链悄悄套在你身上。你被逐出王府，一腔抱负与才情忽然间化为泡影。高宗当日赞誉的“奇才”，如今成了“狼子野心”的忌讳对象。那一刻的你，或许才隐约明白曹元当日的良苦用心。

这一场宫廷风波，令你的仕途前景顿时黯淡无光，你的青春抱负如镜中水月，消失殆尽。然而你尚未意识到，这不过是命运考验的序章。在离开长安的那一刻，你心中或有不甘，但亦未曾放弃满腔抱负。

（三）

你卷着行囊，离开了长安。你还记得，这一夜，街巷寂静，秋风肃杀。过往朝堂之上的辉煌，转眼便如梦般破碎。你不过写了一篇戏谑的《檄英王鸡文》，却成了高宗怒火中的牺牲品，才华在权力的角逐中骤然失色。你心中虽有愤懑，却也无力反抗。逃离长安之际，脚步声在夜色中回荡，清冷中透着几分孤寂。

行路途中，你望着远方，思绪却停留在故乡。此刻的心情，正如秋夜的长江，悲凉而凝滞。江水映着天上的月光，也似乎因你而停止流动。万里山河，你念念不忘家乡的父母，却不愿带着一身疲惫与挫败回到他们面前，让他们伤心。面对即将踏上的陌路，你心中暗生哀叹。于是，你攥紧衣袖，默念一诗，低声吟咏道：

山中

长江悲已滞，万里念将归。

况属高风晚，山山黄叶飞。

那时的你已经无路可去，思来想去，唯有去四川投奔朋友。

之后，你辗转入蜀。尽管长安无情地将你放逐，但你的才名早已传遍大江南北。你的到来，在四川文人和权贵间掀起了不小的轰动。贵族豪门纷纷邀请你赴宴，他们盛情款待，将你视为上宾。这片陌生的土地虽不是故乡，却因你的才情成为你暂时的栖身之地。你在四川或许无须再为衣食发愁，然而，内心的孤独和无助，仍如秋风般侵蚀着你的心。

你的朋友也在此地。同为“初唐四杰”的卢照邻与你情投意合，诗意相契。你们二人一见如故，时常徜徉山水之间，谈诗论文，共饮叙怀。四川虽是异乡，却因卢照邻的存在，使你少了些孤单，多了些慰藉。

重阳节，你与卢照邻及友人邵大震登上玄武山，极目远眺。九月的秋风夹杂着些许的凉意，云烟缭绕在山川之间，天地苍茫，令人心生惆怅。站在高处，卢照邻凝视着远方，乡愁涌上心头。他虽久居四川，但思乡情切，心念归途，触景而吟：

九月九日登玄武山

卢照邻

九月九日眺山川，归心归望积风烟。

他乡共酌金花酒，万里同悲鸿雁天。

秋风之中，他的低吟如鸿雁归来，带着无限哀思。你静静听着，眼眶微湿。忽然间，那些日子里你曾在长安登高远眺的情景浮现眼前。那时的你是何等的意气风发，对未来充满无限憧憬。而如今，你在四川遥望长安，山长水阔，再也不知归路。失去往昔的荣光，你内心暗自怅然，不觉间胸口涌起一阵酸楚，眼前的秋景不再只是秋景，还浓缩了世事的冷暖、人生的无常。你感慨万千，于苍凉中脱口吟道：

九日登高

九月九日望乡台，他席他乡送客杯。

人情已厌南中苦，鸿雁那从北地来。

他乡的筵席不似家乡的温暖，你虽被礼待，却始终感觉自己只是匆匆过客。诗句中充溢的，是你对家乡的怀念，也是对前程的茫然，更是对人生漂泊无依的哀叹。即便身在盛宴，心中的落寞依然无法掩饰，似那只南飞的鸿雁，身处高空，却始终找不到落脚的枝头。

此后，你在四川继续游历，才名不减，诗句亦广为传颂。尽管他乡的人们钦佩你的才情，然而，在那些觥筹交错间，你心中更渴望的，始终是未竟的抱负与回归的路途。

你游历汉州、益州、绵州等地。每到一地，总会流连于自然美景之中，无论是山河壮阔的景色，还是孤烟落日的沉寂，你都能化为诗句。你文思敏捷，每一篇诗文都仿佛在长安上流社交圈里掀起狂潮，然后便被传遍大江南北。人们惊叹你的文采，赞美你的才华。哪怕那个年代没有网络，你也无疑是他们口中的重量级“大咖”。你的一字一句，瞬间便能掀起风潮，成为无数人热议的话题，“每有一文，海内惊瞻”。

在这里，你也结交了许多志趣相投的名流才俊，他们在你的生活中如一缕温暖的阳光，驱散漂泊的孤独。其中有一位挚友，名叫薛华。

薛家与王家是世交，薛华文才卓越，性情豪爽，与你情投意合。你们常常结伴出游，畅谈人生，吟咏诗篇。薛华的陪伴让你倍感宽慰，那种在家乡和朝堂上难觅的理解与支持，在此刻却得到了满满的回馈。

聚散无常，终有离别。在这段时光，薛华为你带来了许多欢乐，可惜他即将离开蜀地，这让你倍感不舍。你本是洒脱之人，送别时总会劝慰对方不要在意离愁别绪。然而这一次，当你与薛华话别时，泪在眼眶中打转，挥别的手轻颤，心中如刀绞。你低声吟咏出一首《别薛华》，几行诗字字带着无奈与惆怅：

别薛华

送送多穷路，遑遑独问津。

悲凉千里道，凄断百年身。

心事同漂泊，生涯共苦辛。

无论去与住，俱是梦中人。

你想起往昔的自己，曾经那般洒脱，劝慰朋友时曾笑道：“无为在歧路，儿女共沾巾。”你曾对别离嗤之以鼻，如今却在自己的诗句中写下“穷途唯有泪，还望独潸然”。多年漂泊的孤寂终于在这一刻侵入你的心灵。送别薛华的那天，目送他远去的身影，你不禁感叹：当年自己还是太年轻，未曾懂得离别的重量，今日终于明白那份苦楚。

你的才华本就超凡脱俗，而漂泊与孤寂更赋予了你的文字一种空灵的质感。在四川的这些日子，你的心情如同江水般时而波澜起伏，时而寂静无声。绝美的景色和深深的离愁，让你的诗句中融入了一股苍凉之美。

你在江边送别朋友，望着巴南水滚滚东去，眼中噙满离愁，诗句自心中流出，如滴落江水中的珍珠。此刻的夜色正好如同你的心境，深沉而凄凉。你写下《江亭夜月送别二首》，记录下了这离别的苦涩：

江亭夜月送别·其一

江送巴南水，山横塞北云。

津亭秋月夜，谁见泣离群？

在这冷寂的秋夜，你站在江边，望着朋友的身影渐行渐远。谁会明白你此刻的心境呢？

你仰望夜空，寂寞如潮水涌来，举杯无语，静静站在离亭中，万般愁绪最终只能化为一声叹息。你望向江水，忽然觉得天地山川仿佛都在陪伴着你的孤独，你便写下这组诗的第二首：

江亭夜月送别·其二

乱烟笼碧砌，飞月向南端。

寂寞离亭掩，江山此夜寒。

烟雾弥漫江畔，月亮高悬于南方的天际，陪伴你的，唯有这天地与苍山。你立于离亭之中，离愁与冷意交织，寒风瑟瑟，仿佛这天地的凉意皆萦绕在你的心头。那夜的江水滚滚东流，似乎正诉说着你的漂泊，诉说着你内心深处的离愁。

（四）

在被逐出长安，游遍四川后，在你二十一岁那年，也就是咸亨二年（671）的秋冬之交，凭借自己对学术的专注和对医术的通晓，经友人凌季友的引荐，谋得了一份在虢州任职的差事。你想通过这一职务安稳地度过一段时光。

仕途几经波折，你终于来到虢州，这是一个清闲的职位，既无大权也无重责。在这偏远之地，似乎一切都静谧安稳。只要你恪守本分，按部就班地度过这段时光，仕途虽未必辉煌，但也能平稳度日。然而，天才的命运往往不可预料，注定无法按照常人预想的轨迹行走。

一个月黑风高的夜晚，你的府邸中突然闯入一位衣衫破旧、神色仓皇的男子。你皱眉问道："你是谁？为何擅闯我府？"那人"扑通"一声跪在地上，眼中满是哀求，颤抖着说："大人，求您可怜可怜我，让我暂且在您府中栖身。"他的语气哀伤、模样可怜，令你不忍拒绝。你是仁心之人，见不得别人如此落魄，便暂时将他收留，想着过几日再打发他离开，免得引人怀疑。

不料，几日后，你得知这男子竟是官府追捕的逃犯，私藏逃犯乃是大罪。你大惊失色，内心既惊慌又无措：若是此事被揭发，不仅自己会身陷囹圄，更可能连累年迈的父亲与兄弟。一时间，你陷入无边的焦灼中。最终，你的思绪被绝望吞噬，理智被恐惧蒙蔽，在冲动之下，你竟挥刀杀了那人，想着，既然罪证已除，或许能掩盖这一切，但这并不可能。

很快，事情败露，你被官府逮捕，戴上了枷锁，成了死囚。那一刻，你已无力挣扎。回顾短暂的仕途，早已无所眷恋；只有将心中最深的愧疚，留给了你的父亲与家人。父亲因你的牵连，被贬为交趾县令，远谪到南方荒僻之地。这一打击，对他而言或许比你入狱更为沉重。

然而，命运并未彻底弃你而去。就在你命悬一线之时，恰逢天下大赦，罪人获赦，你侥幸得以免死。经过这一场生死劫难，你的意气已然消散，心灰意冷的你，不再对仕途抱有任何希望。你告别了虢州的官衙，收拾行囊，启程前往南方，探望被贬为交趾县令的父亲。

这一趟路途艰辛漫长，沿途的山水在你眼中仿佛带着一种无声的冷漠。你心中惭愧，悔恨如潮水般涌来，千思万绪化作一声叹息。出身书香门第的你深感愧疚，身为人子的责任感如重山压在心头。

旅途漫漫，心中沉郁。然而，当行至江西洪州时，你收到一份宴会的邀请。当地的都督阎伯舆正为重新修葺的滕王阁设宴广邀宾朋。滕王阁，江南名楼，因唐太宗之弟滕王李元婴而得名，耸立于赣江之畔。你闻名久矣，如今恰逢盛会，便欣然前往一探这雄伟楼阁之美。

滕王阁上，华灯初上，宾客满堂，觥筹交错，气氛愈发热烈。阎都督意气风发，登台致辞："今日各路才俊济济一堂，不如请一位文士为今日盛会撰序，以留名后世！"众宾鼓掌叫好，但心知阎都督早有心仪人选，意欲借此机会让自己的女婿一展风采。

仆人捧来笔墨纸砚，宾客们纷纷摆手推辞："我字写得丑，难登大雅之堂！""我才疏学浅，不敢班门弄斧！"众人正你推我让，笔墨却已送到你面前。本以为你会谦逊推辞，谁知你微微一笑，抬手接过笔墨，几步走上台来。

你俯首沉思片刻，随后挥笔而书："豫章故郡，洪都新府。"开篇平实，却字字稳重，如滚滚江水，缓缓铺开。阎都督轻蔑地一笑，心中不以为然。但你并未停顿，笔走龙蛇，言辞愈发壮丽，连绵不绝——"台隍枕夷夏之交，宾主尽东南之美。"阎都督眉头微皱，心中暗暗称奇。你笔下的滕王阁，气象渐显磅礴。

当你写到"落霞与孤鹜齐飞，秋水共长天一色"，宾客们再也按捺不住，掌声雷动，如洪涛迸发。阎都督听得也激情澎湃，起身凝视着你的笔迹，轻声自语：“绝妙……绝妙呀！”每一句都如明珠落地，光辉照人，直至最后。江水悠悠不息，似在诉说着无尽的岁月流转与人世变迁。众人如痴如醉，仿佛这篇序文带着他们一览滕王阁的巍峨风姿，体味大唐盛世的浩瀚气象。你并未停笔，似乎余兴未尽，又在文末附上了一首诗：

滕王阁诗

滕王高阁临江渚，佩玉鸣鸾罢歌舞。

画栋朝飞南浦云，珠帘暮卷西山雨。

闲云潭影日悠悠，物换星移几度秋。

阁中帝子今何在？槛外长江空自流。

此诗一出，宾客们低声赞叹，阎都督更是按捺不住，走到你面前，钦佩道：“王公子实乃天才！”你略微颔首，神色平静，仿佛这一切不过是偶然为之，而非心中深藏的意气使然。

那一夜，滕王阁上，你以一篇《滕王阁序》征服了在座的所有人。

滕王阁序

豫章故郡，洪都新府。星分翼轸，地接衡庐。襟三江而带五湖，控蛮荆而引瓯越。物华天宝，龙光射牛斗之墟；人杰地灵，徐孺下陈蕃之榻。雄州雾列，俊采星驰。台隍枕夷夏之交，宾主尽东南之美。

都督阎公之雅望，棨戟遥临；宇文新州之懿范，襜帷暂驻。十旬休假，胜友如云，千里逢迎，高朋满座。腾蛟起凤，孟学士之词宗；紫电青霜，王将军之武库。家君作宰，路出名区；童子何知，躬逢胜饯！

时维九月，序属三秋。潦水尽而寒潭清，烟光凝而暮山紫。俨骖騑于上路，访风景于崇阿。临帝子之长洲，得天人之旧馆。层台耸翠，上出重霄；飞阁流丹，下临无地。鹤汀凫渚，穷岛屿之萦回，桂殿兰宫，即冈峦之体势。披绣闼，俯雕甍，山原旷其盈视，川泽纡其骇瞩。闾阎扑地，钟鸣鼎食之家；舸舰迷津，青雀黄龙之舳。云销雨霁，彩彻区明。落霞与孤鹜齐飞，秋水共长天一色。渔舟唱晚，响穷彭蠡之滨；雁阵惊寒，声断衡阳之浦。

遥襟甫畅，逸兴遄飞。爽籁发而清风生，纤歌凝而白云遏。睢园绿竹，气凌彭泽之樽；邺水朱华，光照临川之笔。四美具，二难并。穷睇眄于中天，极娱游于暇日。天高地迥，觉宇宙之无穷；兴尽悲来，识盈虚之有数。望长安于日下，目吴会于云间。地势极而南溟深，天柱高而北辰远。关山难越，谁悲失路之人？萍水相逢，尽是他乡之客。怀帝阍而不见，奉宣室以何年？

嗟乎！时运不齐，命途多舛。冯唐易老，李广难封。屈贾谊于长沙，非无圣主；窜梁鸿于海曲，岂乏明时？所赖君子见机，达人知命。老当益壮，宁移白首之心？穷且益坚，不坠青云之志，酌贪泉而觉爽，处涸辙以犹欢。北海虽赊，扶摇可接；东隅已逝，桑榆非晚。孟尝高洁，空怀报国之情；阮籍猖狂，岂效穷途之哭？

勃，三尺微命，一介书生。无路请缨，等终军之弱冠；有怀投笔，慕宗悫之长风。舍簪笏于百龄，奉晨昏于万里。非谢家之宝树，接孟氏之芳邻。他日趋庭，叨陪鲤对；今兹捧袂，喜托龙门。杨意不逢，抚凌云而自惜；钟期既遇，奏流水以何惭？

呜呼！胜地不常，盛筵难再。兰亭已矣，梓泽丘墟。临别赠言，幸承恩于伟饯；登高作赋，是所望于群公。敢竭鄙怀，恭疏短引，一言均赋，四韵俱成。请洒潘江，各倾陆海云尔！

滕王高阁临江渚，佩玉鸣鸾罢歌舞。
画栋朝飞南浦云，珠帘暮卷西山雨。
闲云潭影日悠悠，物换星移几度秋。
阁中帝子今何在？槛外长江空自流。

你的序中有宏大的气象，亦有深沉的感怀，字句似金玉铺陈，画意如云霞流动，闪耀着你的天才之光。你道出：“关山难越，谁悲失路之人？萍水相逢，尽是他乡之客。”这短短的数句，写尽了游子的身世之感，唤起多少异乡之人的共鸣。又道：“老当益壮，宁移白首之心？穷且益坚，不坠青云之志。”豪情迸发，字字如斩金断玉，传递出你不屈的意志与清刚的品格。

你或许并未想到，这篇序文不仅为你赢得了一时的掌声，也让你的名字与这座滕王阁一起传唱千年。在滕王阁，你绽放出了生命最后也是最耀眼的烟火。

几经波折，你最终到达了交趾，在那里与你的父亲重逢。八个月后，你准备返程。然而南方气候炎热，水路颠簸不已，在返程途中，你在南海遭遇风浪，突发意外。

唐仪凤元年（676），你溺水惊悸而死，年仅二十六岁。

一口气概述

他的名字，叫作王勃。

他是一位天才诗人，是唐代文学史上一颗璀璨的明珠，虽命途多舛，却凭借惊人的才情，在短暂的一生中留下了无数旷世之作。王勃的思想和人格融汇了儒、释、道三家文化的精髓。他出身名门，祖父王通是著名儒学家，影响着他对仁政和济世的执着追求。王勃虽几经沉浮，却始终怀抱对功名的渴望和济世的理想。即便因仕途失意而饱尝世事冷暖，仍然在内心深处，将自己视作儒家之士，充满高远的志向和磊落的傲骨。

他有儒者之狂，胸怀天下，敢于直言，也有士子之傲，鄙视世俗，身秉清高。他将祖父传授的儒家思想与自己的气质融汇成一股不羁之气，显得他超脱世俗。王勃的思想又因佛教的影响而更显深邃，他对佛理的敬仰，让他在困顿中找到平静，在挫折中寻求释然。

在诗歌中，王勃展现了开阔与激越的格调。他既承了贞观时期崇儒尚儒的精神风貌，又在作品中注入了属于他那个时代的明朗气息。王勃的送别诗别具一格，既不沉溺于悲伤，亦不流连于离愁，而是以磅礴的气势直抒胸臆。他的《送杜少府之任蜀州》堪称送别诗中的绝唱，那句“海内存知己，天涯若比邻”将知己相别的豁达情怀与壮阔意境推向极致，使离别不再哀愁，而充满豪迈之感。他的另一首送别诗《江亭夜月送别·其二》则以静谧优美的画面勾勒出一幅江边月夜图，一句“乱烟笼碧砌，飞月向南端”，仿佛点染出一个迷离朦胧的世界，离愁也在其中显得淡雅含蓄。相较于这些，他的《别薛华》又偏向个人身世的悲切之感。在他的诗中，“烟雾”一词常常出现，成为他内心深处对命运的迷惘与困惑的象征。

他的园林山水诗灵动雅致，充满生机。在诗句间，他寄托了对自然的热爱与向往，通过细腻地描绘呈现出自然的美好与深邃。诗境开阔、诗意浓厚的《郊兴》，生动表现出他对天地的领悟和对诗意的追求。他的远游诗不仅展现了途中的奇险山水，更因凝聚了个人坎坷之感而显得格外悲凉。**王勃的诗歌继承前代，又勇于突破，令他的诗句既具气势，又不乏幽雅之意。**

在辞赋方面，王勃以骈文著称，为初唐赋体繁荣立下卓越的成就。他的骈文自徐陵、庾信的风格中汲取灵感，对仗精工，文韵谐美。他的赋语言清丽、意气疏朗，将繁缛转化为清新，将滞涩化为流畅，创造出一种大气磅礴、神韵飘逸的独特风格，令骈文达到新的艺术高度。他的赋不仅具有绘画般的意境，也充满了真情实感。对于王勃而言，赋不仅是辞藻的堆砌，还是他情感的凝聚与理想的写照。

王勃的文学主张表现在他一贯“立言见志”的创作思想中。他将作品视为教化之道，赋予其经国济世的功能，以实现“文章经国之大业”。他的作品既有“高情壮思”与“雄笔奇才”相结合的雄壮之美，也有“气凌云汉，字挟风霜”的风格，充满了豪迈的气度和凌厉的个性。他的辞赋中，展现了一种脱俗的气度、疏朗的风格，甚至带有几分哲理之美。即便是在挫折之中，他的文字中依旧充满了对未来的期许，显见他从未放弃对功名和理想的追求。

王勃的文辞成就与心路历程相互交织。短短一生中，他用无数佳句璀璨后世，以赋言志、以诗抒怀，将自己豪迈的志气与清高的性情留存在这浩瀚的文字长河之中。他的诗赋如画、如剑，锋芒毕露，却也充满柔情与深思，最终成为盛唐文人的典范，为后世留下不朽的传奇。

王勃写出了《滕王阁序》，却倒在了风华正茂的二十六岁。

站在南海的船头，他目光深邃地望向远方。夜色已深，海风猎猎，浪涛拍击着船身，带来阵阵潮湿的冷意。月光洒在他身上，模糊了他眉眼间的孤清，像是要将他与天地一并笼罩在一种遥不可及的宁静之中。

他心中依旧挂念着父亲，不禁低声念起诗来："海内存知己，天涯若比邻。"那一句句诗文，曾是他的豪情，是他对知己的承诺，如今却似年少轻狂的梦。他想起长安，想起滕王阁上满堂宾客的喝彩声，想起那些不眠的夜晚，笔下诗赋滚滚而来，似要击碎所有的寂寞和痛苦。

然而，他再也不能回去了。那些长安的荣光、仕途的波折，早已成了他心中一段遥远的影像。此刻的他，不过是天地之间的一粒尘埃，随着风浪四处漂泊，离家乡愈行愈远。他的肩头沉重而僵硬，沉默中带着疲惫，手中握着的，是千里之外的空寂与哀愁。

忽然，他的心猛然一阵刺痛，仿佛一只看不见的手穿过夜色，狠狠攫住了他的心脏。就在那一瞬间，他懂了。他那颗曾经炽热如火的心，历经世间的冷暖，已被渐渐冷却。而今，这一路走来，心中千斤的诗文、万般的志向，不过是一场梦，他的一切，都归于沉寂。

他曾是滕王阁上那个意气风发的少年，笔走龙蛇，震惊满堂，诗句如流星划破夜空，照亮长安的高堂华屋；他曾是那个在江亭月夜送别友人，纵然心有离愁也含笑告别的游子；他曾立志济世，渴望用一腔才情唤醒天下黎民，留下经世之文，心比天高，少年气盛。可是，这一路走来，他最终孤身一人，乘风破浪而去，离开了长安，离开了家人，离开了那个熟悉的自己。

夜风卷起衣袂，冰冷的海浪拍打着船舷，像一双无形的手轻轻抚过他的脸。他闭上眼睛，任思绪飘回往昔，那个年少的自己仿佛还站在滕王阁上，眼中是滔滔江水与无尽苍穹。月色之下，滕王阁在他心中仍然巍然屹立，仿佛就在眼前。

“落霞与孤鹜齐飞，秋水共长天一色。”他喃喃地念起这句千古绝唱，仿佛这句诗就是他年少时的全部心愿。那一刻，他曾以为人生如诗，可以直抵星辰；以为才情如火，可以燃尽寒夜；以为所有的离别、漂泊和不公，都能被他一一抒写，化为壮丽的诗篇。

“若还有来世……”他低声自语，声音被风卷走，飘入无边的海浪。他似乎听见长安的风声，看见滕王阁的秋水长天，看到那高堂之上，父亲佝偻的背影。那是他未竟的归途，是他此生所有未解的羁绊。

月光之下，他的唇边浮起一丝微笑，仿佛一切都已释然，又仿佛仍然未尽。他像一片离枝的秋叶，最终轻轻落入这无垠的夜色，归于天地之间。

万顷月色，青山空茫，江水依旧。

范仲淹

回望我的一生，
最重要的就是无愧于百姓与心

题记

有的人生如长夜星火，清冷却耀眼，虽置身于昏暗世道，却始终怀抱一颗热忱仁心。范仲淹，幼年贫寒，苦志攻书，官至宰辅，依旧胸怀布衣苍生。

他说“先天下之忧而忧，后天下之乐而乐”，以一生践行此志。

北疆战场，他威名赫赫；庙堂之上，他铁骨铮铮。

贫苦民间，他施仁布义；诗琴之间，他性情真切。

这天地间，总有人如他一般，以孤勇点亮山河，以赤诚温暖人心。

（一）

你的名字，叫作范仲淹。

你出生在一个秋风飒飒的日子里。那年是宋太宗端拱二年（989）。淳化元年（990），父亲因病去世，家里剩下的只有那一纸残破的命运。母亲谢夫人眼含泪水，心中满是惶恐与无助。她只能紧紧把你搂在怀中，用瘦弱的肩膀挑起生活的重担。

年仅两岁的你，还不懂得父亲去世的痛苦，却能感受到母亲深深的无奈与伤感。谢夫人抚摸着你稚嫩的面庞，轻声对你说："孩子，你注定不凡。即使贫困也不能让你低头。"她的眼神透过窗外，仿佛在看着未来的你，沉默而坚毅。

两个月后的冬天，母亲改嫁，嫁给了淄州长山人朱文翰。你跟随母亲一起离开了父亲留下的故土，也换了姓氏。于是，范姓少年变成了朱说。那个名字，虽然在命运的轨迹中微不足道，却注定在未来的历史中占据一席之地。

大中祥符四年（1011），你站在书房的窗前，望着远处的青山逐渐被暮色吞噬，心中却翻腾着无法平息的波澜。那天，母亲在你耳边轻声告诉你一个秘密，一个你一直不曾知晓的事实：你原来姓范。她的眼中闪过一丝复杂的情感——既有对你父亲范墉的追忆，也有无法言说的忧虑。

你是“朱说”，她早年为你改姓，是因为家中困顿，所图仅为避祸谋生。但今天，真相终于揭开，你才明白，原来你曾经的名字，原来你背后的家世，与这一片江山，竟有如此深厚的联系。心头的震动，犹如涟漪般层层扩散，击打着你曾经坚硬的内心。你无法继续用“朱说”这个名字生活。

你提起行囊，离开了熟悉的小镇，告别了母亲，踏上了前往南都应天府（今河南省商丘市）的旅程。你明白，此行你不是为了逃避，而是为了找到属于自己的天地，去追寻你心中那个“慷慨兼济天下”的理想。

数年的寒窗，岁月在书桌上悄然滑过。你记得，最初读书时，心中充满的是对知识的渴望和对命运的抗争。然而，渐渐地，你的心境发生了变化。你开始明白，读书不仅仅是为了个人的荣耀与富贵，更是为了改变这个世界，去抚慰那些在风雨中挣扎的人。

睢阳学舍书怀

白云无赖帝乡遥，汉苑谁人奏洞箫。

多难未应歌凤鸟，薄才犹可赋鹪鹩。

瓢思颜子心还乐，琴遇钟君恨即销。

但使斯文天未丧，涧松何必怨山苗。

（二）

大中祥符八年（1015），科举的号角终于吹响，你参加了那场决定命运的考试。这一次，你没有任何侥幸的想法，只是凭借那几年的积淀沉着应对。当你看到自己的名字出现在蔡齐榜上，位列乙科第九十七名时，心情并没有任何激动，只有一股久违的平静。你走出了考场，不再是那个迷茫的少年，而是一个背负责任的男子。

你被任命为广德军司理参军，掌管讼狱、案件事宜，官居九品。虽然职务不大，但对于一个从未涉足官场的寒门书生来说，这无疑是一种突破。

你出身底层，从小经历坎坷，使得你对民生疾苦深有体会。当时的人们很爱吃鱼。可是，你知道，这背后隐藏的是渔人们每天与风浪搏斗的艰辛。你曾在夜深人静时，听过渔人们回到岸上的叹息，看到他们因饱经风浪而变得沉重的皱纹与疲惫的眼神。于是，那时的你写下：

江上渔者

江上往来人，但爱鲈鱼美。

君看一叶舟，出没风波里。

天禧元年（1017），你因治狱廉平、刚正不阿而声名远扬，继而升任文林郎，成为集庆军节度推官。这一切看似顺理成章，但背后是无数个彻夜未眠的夜晚，是你在无数个小案件中用心打磨出来的声誉。你开始感受到，自己肩上承载的不仅仅是母亲的期许，还有国家与人民的希望。

在获得这个新的身份之际，你归宗复姓、恢复“范仲淹”之名。你站在镜前，那个曾经被岁月遗忘的名字，终于回到了你身上。（一说天圣六年，即 1028 年，范仲淹服母丧后方更名）。

天禧五年（1021），你调任泰州西溪盐仓监，负责监督淮盐的贮运和转销。西溪，这片靠近黄海的土地，风景优美，却也困苦。海潮频频倒灌，冲毁盐灶，吞没良田，百姓苦不堪言。站在盐仓的堆积如山的盐堆旁，你知道，只有解决这场水患，百姓才能有安宁的生活。

你上书江淮漕运使张纶，痛陈海堤的利害，建议沿海修筑新堤，捍卫家园。你并非急功近利，只是见到百姓的疾苦，心头便涌起了强烈的责任感。张纶也深知你的才能，最终调你去担任兴化县令，全面负责修堰工程的实施。

天圣三年（1025），你调任兴化县令。你脚踏实地，走遍每一寸土地，勘察水患的根源，和百姓商议修堰的计划。你却告诉他们，重修堰坝，不仅是修复一条堤防，更是为了恢复他们的生计，是他们的希望。

然而，就在这时，命运和你开了一个残酷的玩笑。天圣四年（1026）八月，你的母亲谢氏病逝了。这一天，仿佛天塌下来一般，母亲是你唯一的亲人，她的离去让你不知所措。你决定辞去官职，守丧在家。

修堰工程暂时交给了张纶主持，而你则沉浸在失去母亲的痛苦中，无法自拔。

天圣五年（1027），你终于从丧母之痛中稍微恢复过来，决定继续履行自己的责任。你回到应天府，晏殊听闻你的才名，邀请你担任应天书院的教席，执掌书院教务。你接受了这份邀请，开始在书院中倾注心血。书院的气氛因你而焕然一新，讲解时事政论，你每每慷慨激昂，语气中充满了对国家的忧虑和对百姓的关怀。

你不仅要求学子们读书，更要修身齐家，明辨是非，保持节操。你从不以自己的学问为傲，而是以自己的人格为楷模，教导他们如何在这个变幻莫测的世界中保持正直与勇敢。

天圣六年（1028），你写下了《上执政书》，这是你心底的呐喊，这份万言书，是你对国家与人民的深沉关怀，也是你对当前政治弊端的直言不讳。你的书信让宰相王曾惊叹不已，晏殊也对你的政绩与抱负深感赞赏，亲自向宋仁宗上奏，推荐你入京。

终于，在同年十二月，宋仁宗召你入京，你被任命为秘阁校理，负责皇家图书的整理与校勘。这是你仕途的一次新起点，也是你担当更大责任的开始。

你的一生，虽历经艰难与挫折，却始终没有放弃理想。无论是在修堰治水，还是在教书育人，抑或担任朝廷重职，你都以无畏的姿态，坚守着那个“先天下之忧而忧，后天下之乐而乐”的信念。在那个充满风浪的时代，你像一棵挺立的松树，深知自己背负的责任，依然坚定不移，勇往直前。

（三）

天圣七年（1029），冬至前夕，仁宗准备在会庆殿为刘太后祝寿，所有百官将集聚在宫廷中，按照惯例祝太后长寿。你站在窗前，望着宫墙内外如潮水般的动静，心中却并未因这些盛大礼仪而动容。你知道，这一场盛典，是家礼与国礼的混淆，是对皇权威严的挑战。

你深知，皇帝身为国家的象征，理应保持威仪，而家中的父母亲情和国家礼仪本应分清。在内宫，你建议仁宗可以尽孝行家礼，但若要在百官面前一同朝拜太后，这不仅对皇帝不敬，也有可能削弱他作为统治者的权威。你用心书写奏疏，直言不讳地提出这番见解。

上疏之后，你心中的期待却没有得到回应。内廷没有作出答复，仿佛你的建言如石沉大海。但你没有气馁，决定再次上疏。这次你直面刘太后，请求她将政权归还仁宗，彻底恢复皇权的独立和尊严。你深知这一步的艰难与风险，但你依然毫不退缩，坚信这是朝廷急需的变革。

然而，冷风吹过的时候，你的坚持又一次遇到了沉默。晏殊得知你上疏的事，大吃一惊。他认为你此举太过冒险，不仅会损害你的仕途，甚至可能连累那些推荐你的人。你并不感到惧怕。你以身作则，以自己的政治立场坚定回应晏殊。

在你看来，忠诚不是阿谀奉承，而是敢于直言的勇气；权力不是唯命是从，而是坚守正义的决心。**你知道，做一个臣子，要在国家的命运面前，敢于为民请命，敢于挑战权贵。你的一腔热血，仿佛化作了纸上的字句，虽未得到朝廷的回应，但你依然心怀信念，依然无畏前行。**

天圣八年（1030），你终于向朝廷请辞，请求离京出任地方官。你被任命为河中府通判，次年又调任陈州通判。这一调任，带走了你曾经在京城里的风光，但你并不惧怕离开权力中心。

你多次上疏，提出关于吏治的改革措施，建议削减冗员。你甚至提出要停止大兴土木，认为这些活动耗费百姓血汗的钱财，实在不值得。你在陈州的日日夜夜，不仅仅关心如何治理一地百姓，更在乎的是国家的未来、百姓的安危。

然而，朝廷并未采纳你的建议。你心中虽有失望，但从未放弃过那份忠心。仁宗虽然没有立刻响应，但你知道，在皇帝心中，你的坚持，早已播下了忠诚的种子。

明道二年（1033），刘太后驾崩，仁宗终于亲政。那一日，你收到了入京的诏令，你知晓，这不仅是你仕途的一次变动，还是国家命运的一个转折。朝廷的重担再一次落到了你肩上，而这一次，你的角色已不再是一个远离权力中心的地方官，而是朝堂之上的一位直谏大臣。

仁宗召你入京，拜你为右司谏。这意味着你将成为皇帝的近侍之一，肩负着提醒皇帝走正道与安国定民的责任。

刘太后虽已辞世，朝堂上的气氛却依旧沉重。群臣议论纷纷，多数人将焦点放在太后临朝执政时的种种过失上。你坐在朝堂上，心中有些许迟疑。你知道，太后虽有过失，但她多年的摄政，也确实养护了仁宗，使其不至于在幼年失去对朝政的掌控。因此，在众声喧哗中，你挺身而出，提出了自己的见解："虽然太后掌政有过失，但她养育仁宗多时，不可忘其功。我们应掩饰其过，成全她的美德。"这一番话并未迎来掌声，反而引发了不小的争议。但你无所畏惧，你知道，真诚与忠诚，从来不该因个人得失而妥协。仁宗最终采纳了你的意见，诏令朝廷不得再议论太后的过失。

仁宗因太后新亡，欲立杨太妃为皇太后，使其参与朝政。你并不认同这一决定。你深知，频繁立太后将导致皇帝失去亲政的机会，这样的局面只会削弱皇权的威严。你再次上疏直言，提出坚决的反对意见："如果常立太后，陛下将永远不能亲政，这对国家长治久安绝非好事。"你这番直言并不讨好，然而，仁宗终究还是采纳了你的建议，取消了太后册名，仅保留了她的称号。

此时的你，心中仍未能完全放下重负。天灾频发，百姓疾苦，尤以江淮和京东一带为最。七月，全国大旱，蝗灾蔓延，民众愁苦，生计艰难。你不忍心坐视百姓苦难，于是再次上疏，请求朝廷派人视察灾情。然而，仁宗对此没有给予回应。你心中着急，便直言问道："若宫中停食半日，陛下该当如何？"这句话击中了仁宗的内心，他猛然醒悟，派你亲自前往灾区，安抚百姓。

你应诏前往灾区，见到遍地的荒凉、满目苍白的稻田和垂头丧气的百姓。你心如刀绞，你低头看着脚下的荒草，心中更加坚定了一个念头——要让百姓看到希望。

你亲自开仓，把积蓄的粮食分发给灾民，并将那些充饥的野草带回京城，作为对朝廷内部奢华腐化的一种警示。你希望通过这一举动提醒所有人，不论权势多大，都不能忘记百姓的疾苦。

那年冬日的一天，早晨的空气中带着一丝沉重的寒意，皇宫内外都弥漫着紧张与不安的气氛。你知道，这场风波的起因，是郭皇后误伤了仁宗，而这场风波，牵动的不仅仅是宫中的权力斗争，更是整个朝堂上的风云变幻。吕夷简与郭皇后的不和，最终酿成了废后的论调，而内侍阎文应、范讽等人也紧随其后，力主废黜皇后。

你作为一名忠诚的谏臣，岂能置身事外？尽管你已多次身陷权臣与党争的旋涡，但每一次，当你站在庙堂之上，面对国家与百姓，你依然无所畏惧，毫不退缩。你向仁宗进言，坚称废后之事不合天理。因为你深知，政治的动荡与权臣的争斗，最终必定会伤害到无辜的百姓。

然而，吕夷简早有准备，他令各部不得接受任何台谏章疏，竟也不允许臣子奏报。你深知，这不仅仅是对你的压制，更是对朝廷清正廉明制度的践踏。你愤怒，但你清楚地知道，唯有直言才能恢复朝堂的清明。

于是，天色渐晚时，你召集御史中丞孔道辅、侍御史蒋堂、段少连等人，径直跪伏于垂拱殿外，恳请能见仁宗。你跪在那里，寒风刺骨，浑身麻木，心却依然清明如水。你低声对孔道辅说："此事关系国家根基，不容再拖。今日若不说，明日恐难言。"

孔道辅点头，眼中闪过一丝坚定：“如此朝廷，已久无人敢言，今日，便是我们的时机。”

蒋堂也低声道：“若不出言，百姓怎会知晓真相？”

他们的话在你耳边响起，你微微一笑，心底的坚守愈发坚定。你知道，这不是一次简单的谏言，而是你为国家为百姓捧出的忠诚之心。你对他们说：“不论结果如何，吾等当竭力而为，以求问心无愧。”

皇帝并未亲自出现，而是派出了吕夷简出来解释。你目光如炬，面对吕夷简的冷漠和不屑，你一字一顿地问：“宰相大人，今日之事，是非曲直，难道你心中无分明之见？”

吕夷简冷笑一声：“范仲淹，你不该插手此事。若是废后，朝堂一统，何妨？”

你眼中闪过一丝怒火，但依然沉声道：“废后之事，关乎家国大计，岂容尔等以一己之私为之？宰相大人，若以私心行事，恐怕不仅是废后，甚至将废朝廷之根本。”

吕夷简理屈词穷，面对你犀利的言辞，他无法再作反驳。

第二天，朝廷依旧未曾松口，你与众人商议，打算趁早朝之际，再次与宰相争辩，捍卫那份难得的正直与忠诚。然而，就在你们走到待漏院时，朝廷的诏书如同一记雷霆，将你再次推向了深渊。你被外放至睦州，孔道辅等人也分别遭受贬谪或处罚。

你转身离去时，孔道辅低声道：“范大人，此番外放，恐非一时半刻可归。”

你叹息道：“吾知晓。然心无愧者，何惧远行？”语气平静，却不乏坚决，“不论身在何处，忠心未曾改。”

谪守睦州作

重父必重母，正邦先正家。

一心回主意，十口向天涯。

铜虎恩犹厚，鲈鱼味复佳。

圣明何以报，殁齿愿无邪。

（四）

景祐元年（1034），你调知苏州。进入苏州的那一天，晨雾仍未散尽，江水如镜，缓缓流淌。这里的水系复杂，河道纵横，然而，正因为如此，它的治理更显艰难。你深知，这片土地深藏着大江南北的命脉，水患和民生的关系息息相关。面对这片风景如画的江南水乡，你没有因它的美丽而放松警惕，而是迅速着手整治水利。你知道，这个地方因长年水患，百业萧条，民生艰难。

在你所住的南园，你命人开始着手修建郡学，让苏州的学子也能在这片富饶的土地上学有所成，报效朝廷。然而，你心里清楚，若没有一个稳定的水系，学问再高，百姓再富，都是空中楼阁。于是，你一边着手修建学堂，一边下令民众疏通五条河渠，兴修水利，将太湖的水通过河渠引入长江。

那年，水灾爆发，洪水肆虐，民众在即将被淹没的边缘颤抖。你没有退缩，没有回避，而是迅速调度，亲自督查，让百姓进行自救，你毫不犹豫地指挥工匠和民众挖渠修堰。

“范大人，水患是否会复发？”有人忍不住问道。

你目光坚定，回应道：“治水，治心；安邦，安民。今日得水，明日得民。只要我们心中有民，便能重建这片安宁。”

那一刻，你的眼神中没有一丝惧怕，只有对百姓深深的责任。你知道，苏州水患的根本问题，在于改变治水之术落后的面貌。你要做的，不仅是消除眼前的灾难，更是在根源上做足功夫，让这片土地上的百姓免除水患的困苦。

因为治水有功，你被调回京师，判国子监，接着又升任为吏部员外郎、权知开封府。你一度以为，自己终于可以安稳地治理官僚，修正那些积重难返的弊政了。你如风般跃入京城的繁华，带着你那颗忧国忧民的心，却又一次发现，京城的权力斗争，犹如暗潮汹涌。你开始整顿开封府，裁撤冗员，清理门户，力求让朝政焕然一新。

开封府的清明，迅速为你赢得了口碑。你在百官中宛如一股清流，廉洁、公正，肃然称治，百姓称你为“范君”。人们说：“朝廷无忧有范君，京师无事有希文。”而你，依然心系百姓，心系民间疾苦，只是，这一切，却始终不能免除权臣之间的斗争。

景祐三年（1036），你发现一切的风云，都因吕夷简而起，吕夷简掌握朝政已久，他任用亲信，树立党羽，整个朝廷在他手中，渐渐变得如同一潭死水。而你，怎能眼睁睁看着这种腐化的现象在朝堂上蔓延？

你拿起笔，绘就《百官图》，把它献给仁宗。针对宰相吕夷简的用人问题，你毫不留情，直指其管理制度的腐败。你劝说仁宗，应该亲自掌握官员的升迁大权，而不是让一个权臣操纵整个朝政。然而，这番直言，显然引起了吕夷简的怒火。面对你的一番批评，他不甘示弱，极力反击，污蔑你“越职言事”，甚至称你“勾结朋党，离间君臣”。

你没有退缩，而是连上四章，直斥吕夷简的狡诈和不公。你的话，犹如雷霆，震撼了整个朝廷，但你也因此失去了与吕夷简等人对抗的机会。你被罢黜，调往饶州。权臣的阴谋让你远离了权力的中心，而这次，你不仅要面对自己的屈辱，还要忍受孤独。

景祐四年（1037），吕夷简终于被罢相，但你知道，背后的政治争斗才刚刚开始。许多人开始为你辩护，士大夫们纷纷发声，支持你，批评吕夷简的权力滥用。这场权力的角逐，变成了一场公开的辩论赛，谁都没有停下来。仁宗召集宰相张士逊问计，最终下令禁止朝中“结党营私”，力求消除党争。

但你并没有因为这一切而感到庆幸，反而更加坚定了一个信念。梅尧臣写下《灵乌赋》，劝你少说话、少管闲事，安享自己的生活，远离纷争。但你没有听从。你写道：“宁鸣而死，不默而生。”

康定元年（1040），你接到仁宗的诏令，心中明白，时局已到了必须有所行动的关键时刻。西夏的李元昊自立为帝，言辞挑衅，军队不断侵扰边境，宋朝的安全受到了前所未有的威胁。仁宗满怀信任地任命你为天章阁待制，知永兴军。你清楚，这不仅仅是一次职务的升迁，更是为你压下了一个沉重的责任。

朝廷上，韩琦等大臣意见分歧，许多人主张立刻反攻，你却以坚定的口吻向仁宗上奏：“当务之急，不在于盲目反击，而是要稳住边防，寻找战机。”

同年七月，你被任命为陕西经略安抚副使，与韩琦共同负责西北防务。这一段时间，你深入前线，察看军情。西北的荒凉大地，风沙扑面，四周是被黄土染成灰色的山丘。你站在高地，目光穿过漫漫沙海，感受到的不是战场的硝烟，而是背后那些无数百姓期望的重担。

之后，当你亲自检阅驻军时，你并没有只依赖旧有的军制，而是下令将军队分为六部，每部配备精良的指挥官，进行分部训练，轮流备战。你深知，只有训练有素、纪律严明的军队，才能抵御西夏那支虎视眈眈的铁骑。每一场战斗的胜利都不是偶然的，而是精细安排的结果。

在你到任后，西北的防线逐渐恢复了生气。你派遣将军任福攻破了西夏的白豹城，迫使敌军撤退。你还命种世衡等人修复了金明寨、万安城等关键防线，一步步将西夏的威胁逼退。那时，边疆的百姓感激不已，纷纷歌颂你是西北的守护神。

然而，李元昊显然不打算就此停手，随即，便开始了更为猛烈的攻势。西夏军在渭州的战斗爆发，仁宗急忙命夏竦组织反攻，形势看似即将逆转，你却依然保持冷静，坚决认为当前时机未到。你知道，贸然反攻，只会付出更大的代价。

不久后，任福在反攻的过程中遭遇伏击，惨败，消息传回京城，仁宗听后，不禁握紧了拳头，低声道："若仲淹出援，吾无忧矣。"

庆历二年（1042）十月，你带领六千精兵从邠州、泾州出发，赶往前线救援。在你的亲自指挥下，宋军势如破竹，大获全胜。战后，仁宗对你刮目相看，加封你为枢密直学士，并任命你为鄜延路的都部署和经略安抚招讨使。

那一刻，朝堂上的朝臣纷纷向你投以钦佩的目光。你平静地接受这一切，你从不为名利所动，而是将每一场战斗当作对国家、对人民的承诺。

在你的领导下，西北边疆渐渐恢复了平静，西夏的侵扰逐渐减弱。你收复的每一寸土地，都成为你奋斗的见证。与此同时，你也逐步培养了一批能征善战的将领——狄青、种世衡、郭逵……他们将成为你治军理念的延续者。

李元昊最终不得不向宋朝称臣，而你，始终站在那个孤独的边疆，为了大宋的和平，默默奉献，不求名利。你知道，真正的英雄，不在于战场上的辉煌，而在于那份默默无闻的坚持和为国为民的责任。

（五）

庆历三年（1043），你五十四岁。

那是一个温暖的夏日，京师的大街小巷弥漫着初夏的气息，空气中似乎带着几分久违的清新。朝堂上，西夏的局势因李元昊请求议和而暂时平静，人民的焦虑情绪稍微得以缓解。然而，新的挑战已经在远方悄然升起。

仁宗皇帝对你依旧满怀信任，召你回京，授予你枢密副使之职。这意味着，你将在更重要的岗位上为国事操劳。然而，你心里清楚，自己绝非为权力所动，而是为了担负肩头的沉甸甸的责任。

朝中的气氛渐渐变得紧张起来。六月，欧阳修、余靖、王素、蔡襄等谏官上奏，称你“有宰相之才”，建议仁宗任命你为参知政事。你婉言推辞：“卑职年老力衰，实难胜任。”然而，仁宗没有接受你的推辞，重新授予你参知政事一职。

你重回权力的中心，肩上的担子更沉重了。此时，朝中的矛盾也日益激烈。你和富弼、韩琦共同执政，欧阳修、蔡襄等谏官紧随其后。你心里明白，朝堂之上不仅有权力斗争，还有无数的民生疾苦需要解决。

在这样的局面下，你提出了一系列改革举措。你向仁宗上奏的《答手诏条陈十事》，其中谈到了黜陟之法、推恩信制、精简贡举、修武备、均公田等十条事宜，你的声音坚定而响亮。你知道，这些改革关乎百姓的生计，也关乎国家长治久安。

可当改革开始实施时，反对的声音迅速增多。那些依赖旧制的官员感到不安，他们开始指责你。这些声音犹如寒风，刺骨入心，但你并不畏惧，你知道自己肩负的是国家的未来。

次年，也就是庆历四年（1044），你再一次向仁宗上疏，建议加大改革力度，扩大辅臣的权力，以便更好地执行新政。你提出了四个策略“和、守、战、备”，并列举了七项改革举措：经略兵屯、训练义勇、修京师外城、密定讨伐之谋等。你坚持认为，唯有强大国力、稳固防线，才能为百姓带来真正的安宁。

随着时间的推移，那些长期受益于旧制的人不断加大对你的攻击。你发现，改革并不是一蹴而就的事情，但你依旧坚定地走在自己的道路上，因为你知道，这条路关乎国家的命运。

庆历五年（1045），你五十六岁，反对改革的呼声愈加激烈，你开始意识到，这场改革的代价已远超你的预期。你请求出知邠州，仁宗最终同意了。

这是你选择的道路——远离权力中心，去往一个更为宁静的地方。或许，改革未必能很快成功，但你依旧相信，只要有一个更加坚实的基础，新的时代必定会到来。

那时，你独自走在邠州的街道上，你感受到了一种久违的平静，也明白了——或许这就是自己的使命所在，不仅仅是站在朝堂上改变世界，更是在每一寸土地上，用行动为百姓带来一丝安慰。

冬天来临之际，你因病请求解除四路帅任，准备前往邓州。仁宗同意了，你的职务再次发生变化，但你并未因此沮丧。你深知，这一切的荣光与风波，不过是过眼云烟，真正重要的是如何在这片土地上留下深刻的印记。

也是在这一年，岳州城的岳阳楼焕然一新，成为当地的标志性景点。

知州滕宗谅心情十分愉悦，迫不及待地想要把这份荣耀和辉煌分享给世人，他想请你为此楼写文以记之。但他并不只想要一篇普通的游记，他想要的是一篇能够承载岳阳楼历史与情感，能够引发每个读者内心共鸣的文章。滕宗谅知道，唯有你，才能写出他心中所期待的那篇文章。

你和滕宗谅有着多年的深厚友情，彼此心有灵犀。你们共同经历过风雨，也曾一同在泰州修复捍海堰，为百姓谋利；一起并肩作战，在边疆抗击西夏，生死与共。你深知岳阳楼的意义，远不仅仅是修复后的雄伟，它承载的是历史的厚重，是人心的起伏，是一代又一代人的梦想与责任。

一年后的某一天，滕宗谅终于收到了你的《岳阳楼记》。当他摊开那篇文章时，心中涌动的不仅是激动与欣慰，更是一种深深的震撼。

你将岳阳楼的雄伟与洞庭湖的浩渺写进了这篇文章，但最深刻的，还是你用这篇文字，表达了自己对国家、对人民的热爱与责任。

岳阳楼记

庆历四年春，滕子京谪守巴陵郡。越明年，政通人和，百废俱兴。乃重修岳阳楼，增其旧制，刻唐贤今人诗赋予其上，嘱予作文以记之。

予观夫巴陵胜状，在洞庭一湖。衔远山，吞长江，浩浩汤汤，横无际涯；朝晖夕阴，气象万千。此则岳阳楼之大观也，前人之述备矣。然则北通巫峡，南极潇湘，迁客骚人，多会于此，览物之情，得无异乎？

若夫霪雨霏霏，连月不开，阴风怒号，浊浪排空；日星隐曜，山岳潜形；商旅不行，樯倾楫摧；薄暮冥冥，虎啸猿啼。登斯楼也，则有去国怀乡，忧谗畏讥，满目萧然，感极而悲者矣。

至若春和景明，波澜不惊，上下天光，一碧万顷；沙鸥翔集，锦鳞游泳；岸芷汀兰，郁郁青青。而或长烟一空，皓月千里，浮光跃金，静影沉璧，渔歌互答，此乐何极！登斯楼也，则有心旷神怡，宠辱偕忘，把酒临风，其喜洋洋者矣。

嗟夫！予尝求古仁人之心，或异二者之为，何哉？不以物喜，不以己悲。居庙堂之高则忧其民；处江湖之远则忧其君。是进亦忧，退亦忧。然则何时而乐耶？其必曰“先天下之忧而忧，后天下之乐而乐”乎！噫！微斯人，吾谁与归？

时六年九月十五日。

皇祐元年（1049），你早已不再是那个意气风发、锐意进取的青年。岁月在你的脸上留下了痕迹，但你的眼神依旧犀利，心中愈发沉稳。你从未有过隐退的想法，但当时难免会有一些困惑与思索。你的家人开始为你谋划，他们议论着购买田产，劝你安享晚年，你却严词拒绝了这一切。

你知道，安享晚年并非你的命运。你对这片土地、这片土地上的百姓依然有着深深的责任。你明白，真正的安宁不是远离世事，而是能在这片土地上种下自己的根，给后人留下一些真正有意义的东西。

皇祐三年（1051），你升任为户部侍郎，调知青州。然而，你身体的状况已经不如往昔。寒冷的冬天让你不堪重负，你渐感力不从心。于是你上疏请求皇帝改为知颍州。

皇祐四年（1052），正月，仁宗答应了你的请求，把你调任知颍州。你明白这次任务的重大，也清楚自己所剩时日不多，因而拖着越来越沉重的身体，硬生生地扶病上任。

五月二十日，你的病情突然加重，意识渐渐模糊，最终你在颍州的一个不起眼的角落，安然长眠。

当你闭上双眼，放下这一切时，或许知道，这一生，虽有遗憾，但你也并未虚度。在你的一生中，改革的风云、戍边的战火、百姓的疾苦，以及你无尽的努力，早已深深植入了这片土地。

皇祐四年（1052）五月二十日，你在徐州病逝，享年六十四岁。

一口气概述

他的名字，叫作范仲淹。

他是北宋名臣、文学家、军事家、教育家和改革家，被誉为“文正公”，是中国历史上少数几位在多领域都有卓越成就的杰出人物之一。他的一生，充满了改革、治水、教育、文学与军事的传奇，几乎涉及国家治理的方方面面。作为一位全能型的才子，范仲淹不仅在治国理政上做出了重要贡献，还在文学艺术、教育事业上留下了深远的影响。

范仲淹的政治贡献，尤以庆历新政最为突出。1043 年，他针对北宋面临的内忧外患提出一系列改革措施，主张通过精简官僚队伍、改革科举制度、加强农业生产、发展教育等方式，来解决国家的种种困境。新政一度推动了国家政治局面的改善，官员选拔趋向实用，科举考试更加注重实务，甚至全国范围内开办学校，焕发了教育新风。

然而，改革引起了保守派的强烈反对，最终以失败告终。即便如此，庆历新政为后来的王安石变法铺垫了道路，成为中国历史上改革历程中的一次重要尝试。

不仅在政治上有所建树，范仲淹在治水方面也有卓越贡献。任职泰州时，他曾动员四万民众重修捍海堰——一项横跨通、泰、楚三州的庞大水利工程。这项工程的完成，有效防止了水灾的侵袭，保护了当地的农业生产，至今堤坝遗址仍为人们纪念。当地百姓尊称它为“范公堤”，这一历史遗迹成了范仲淹治水智慧的象征。

此外，他还在苏州治水上表现出色，提出了一整套水利方案，将太湖的积水导入海中，不仅解决了当时的水患问题，还为后世提供了宝贵的治水经验。

范仲淹同样以其仁爱之心赢得百姓敬仰。无论面对的是大旱导致的灾荒，还是因战争而造成的粮荒，他总是迅速采取措施，开仓赈灾，尽最大努力缓解民生困苦。例如，明道二年（1033），江淮一带发生大旱，蝗灾肆虐，范仲淹及时实施赈灾措施，并用灾民充饥的野草提醒朝廷贵族戒除奢侈浪费，体现出他深刻的民本思想。

在军事上，范仲淹提出的“积极防御”战略改变了西北边防的格局。他加强边防工事建设，修筑城寨，训练军队，并大力提拔将领，使得西北地区的边疆防务得到了前所未有的巩固，西夏与北宋之间的关系也趋于稳定。范仲淹的军事才能和远见卓识，为后来宋朝的防御体系建设打下了基础。

范仲淹的教育理念极为先进，他主张教育不仅是传授知识，更要培养品德与才德。他提出了“劝学育才”的方针，强调科举考试与基础教育的衔接，推行兴学运动，倡导儒家经典教育的同时，也鼓励注重实用学科的培养。他所推崇的“宗经”教育理念，不仅提升了学术氛围，也为后世的教育发展提供了思想源泉。

范仲淹的教育实践，尤其是对教师的选拔与培养、对学生品德与知识的全面要求，推动了地方学堂的普及，使得当时的教育风气焕然一新。他的义学与免费教育理念为中国历史上的基础教育开辟了先河。

范仲淹在文学上的成就同样不容忽视。作为散文大家，他的作品以政事疏、时政议论为主，逻辑严密、论述深刻。他的《岳阳楼记》至今仍是中国古代文学的经典之一，文中那句“先天下之忧而忧，后天下之乐而乐”深入人心，成为千古名句，体现了他忧国忧民的胸怀与责任感。

在诗歌方面，范仲淹的作品以表达家国情怀、人生感悟为主，语言质朴、意境深远。他的诗歌既关心民生疾苦，又充满家国情怀，展现了他作为一位忠诚于国家的士人的风采。他的词作尤其影响深远，如《渔家傲 · 秋思》，他以独特的词风为后代开辟了新的诗词天地。

他的书法简洁有力，行云流水，不仅具有极高的艺术价值，还展现了他个性中的坚定与豪放，极具晋宋书法的风范。

范仲淹曾是苦读的贫寒少年，也曾是帝国的忧国长者。他的心中装满了百姓的苦与国运的重，而那份深沉的情怀，已然超越了个人的荣辱与生死。岁月无情，朝代更替，但他留下的，远不只是那些冷冰冰的文字与纸上的政见。

这一生，范仲淹或许注定要在风雨中独行，心怀天下的理想与苍凉的孤独，如同那一叶孤舟，漂泊在无边的大江上。他曾写下“先天下之忧而忧，后天下之乐而乐”，这是他的誓言，也是他的宿命。

他所追求的，并非个人的功名，而是那份超越个人的责任，那份为国为民的心愿。

岁月如水，匆匆流淌，范仲淹的人生中也有无数的波折与落寞。

他曾在年轻时因对国家未来的深切忧虑而泪流满面；也曾在失意时，默然独行，在官场的风波与人心的冷漠中，感受到从未有过的无力。但他没有放弃，也从未背离过自己心中的那份执念。

无论是无数次提出的革新之策，还是在战场上苦心孤诣的策略，他都始终如一，不改初衷。

直到最后，他依旧站在那片江山与梦的边缘，背影孤单却坚定。命运给了他无数考验，而他，以无声的方式回敬了它。他的泪水、汗水、心血，早已化作这片大地上最深沉的力量。**他走过了许多路，见过了无数的人，却始终怀揣一颗赤子之心。他的内心没有被岁月的尘埃所覆盖，依然纯净如初。**

范仲淹的名字，正如这片山川河流，永不褪色，永不消逝。他留下的，不仅仅是政治上的改革与战略的智慧，更多是一种精神，一种为了国家、为了百姓、为了理想，宁愿孤独一生也要坚守的信念。

他叫范仲淹。

在那个渐行渐远的岁月里，他并未走远。

晏殊

写出『无可奈何花落去』的
我，有着温柔敏感的一生

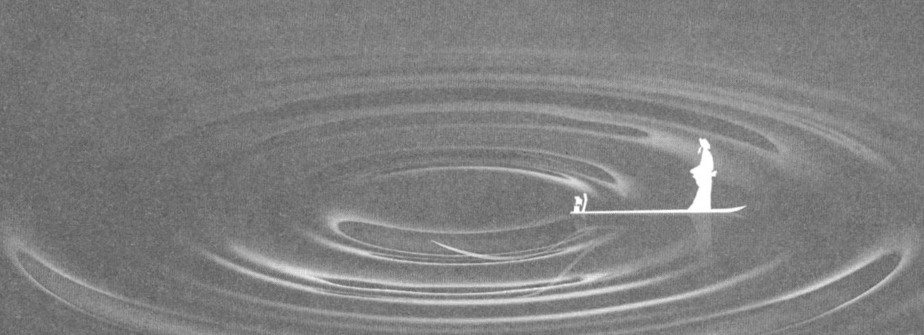

题记

有人说，他的一生如同一阙婉转清丽的诗篇，诗中有锦瑟流年，有烟雨迷蒙，更有参透世情的豁达与从容。

晏殊，这位“富贵闲人”，年少及第，宠冠一时，登庙堂不失本心，居繁华不染俗尘。他慧眼识贤，范仲淹、欧阳修皆因他而显；他诗词传世，任凭光阴流转，依旧温润着人间最初的柔软。

（一）

你的名字，叫作晏殊。

你生于宋太宗淳化二年（991），在那座青山绿水的江南小镇——抚州临川。记得你曾在孩提时代，站在那条古道旁，凝视着那棵高耸的松树，念出你的那首诗：

题所居道傍白塔

白塔青松古道栖，塔高松矮不能齐。

时人莫讶青松小，他日松高塔又低。

那时的你，尚未懂得人生的深意，却早已透过简单的字句，隐约表达了心中的壮志凌云。青松虽小，有朝一日势必挺拔如塔。你用这种方式，告诉了世界——你并非一个平凡的孩子。年仅五岁，你便成了抚州的“神童”，一时间声名远扬。但你并不是那种被时代掩埋的“神童”，而是注定要被时光铭记的存在。

你的诗才让许多人惊叹，但你并未因此满足，而是日复一日，早起晚睡，刻苦钻研，你深知“机会只留给有准备的人”。你的父亲并非出自书香门第，他却把所有的希望都寄托在了你的身上，教导你要读书破万卷，做个有出息的人。你的父亲不求你成为高官显贵，只希望你的名字能在历史中闪光。

在你十三岁那一年，你已经超越了许多成人，你不仅在文坛崭露头角，更迎娶了李虚已的女儿。李虚已这位文坛大家，凭借自己的人脉，将你推上了更高的舞台。你的才华，如同天上星辰一般耀眼。你与李家那位名门闺秀的婚事并非童话，而是你人生第一个重大的梦想的实现，虽然那时的你仍然稚嫩，但已经显露出将会取得伟大成就的种种迹象。

北宋景德二年（1005），你站在了汴京的大殿内，参加皇帝宋真宗亲自主持的殿试。那时，你的眉眼如初，神情从容不迫。在考核中，宋真宗亲自阅卷，看到你笔锋飞扬的才气，不禁大加赞赏。寇准在旁边悄悄提醒道："他是江南人。"然而，宋真宗毫不在意，轻声说："朝廷选拔人才，唯才是举，大宋子民天下一家，岂限江南江北？"他深知，才子无论出自何方，才华最为重要。

你并未被所谓的"神童"光环所束缚，而是以追求更强的毅力与智慧始终奋进。两天后，殿试再次来临，你淡然地说："这些题目我早就做过了，请重新出题。"这句简单的话，如同一阵清风，吹散了世俗对"神童"的偏见，展现了你的独立思考与卓越见识。

皇帝听到你的话，很是欢喜，决定赐你进士出身，并任命你为秘书省正字。那一刻，所有的风雨与艰辛，在你的面前化作通往未来的光明大道。你年仅十四岁，便已声名赫赫，身处权力的核心。你的故事，才刚刚开始。

你从小聪慧，敏锐而坚毅，不仅承载着父亲的期望，更承担起了家族的荣光。然而，你并未因天赋的光环而懈怠，反而在每一次挑战中磨砺自己，超越他人。你深知，成功从来不是偶然，只有不断努力，才能从平凡中脱颖而出。

从五岁便以神童之名声扬四方，聪慧而又富有才情的你，仿佛注定要在这片天地之间书写不凡的篇章。那时，你或许尚未察觉，你的一生已经在这历史的长河中悄然开篇。

景德三年（1006），你正值青春年华，被召试于中书省，不久便转任太常寺奉礼郎。那时的你，可能还未曾完全意识到，自己的名字已经开始被铭刻在朝廷的史册上。你聪敏谨慎，足智多谋，深知这每一次机会都是通往未来的重要一步。

大中祥符元年（1008），年仅十八岁的你便被真宗授予光禄寺丞之职。这是一个重要的职位，象征着国家对你的信任与重用。然而，命运似乎并不满足于如此简单的荣耀。父亲去世，你回到临川服丧。亲情的重压让你在这段岁月的潮汐中感到一种深深的责任。然而，即便如此，短暂的丧期之后，你便接到了召回的命令。你随真宗前往太清宫祭祀，为国家承担起你的职责。

在这段时间里，你的内心经历了一场责任之间的最深刻的博弈。在亲情与职务之间来回拉扯，你始终未曾有片刻松懈。你心里清楚，每一份权力与责任，背后都埋藏着无数的牺牲与付出，不让任何情感动摇你前行的步伐。在无声的泪水背后，你依然能够将自己的思绪整理得井井有条，每一笔，每一画，都写得无比缜密。

大中祥符四年（1011），在不断地升迁中，你的地位愈发稳固。你从太子舍人到翰林学士，成为朝廷中的重要人物。你是青年才俊，敏锐的洞察力让宋真宗深深折服。每当朝廷有疑问时，宋真宗便会以极小的字迹将问题写在纸条上，再命人呈递给你，而你总是以缜密严谨的思考迅速给出解答，解决了无数朝廷的难题。那份缜密与谨慎，让你逐渐成为真宗心中的依赖。

三十岁时，你已经是正三品的大官。而这一切，似乎都并非偶然。你像一棵在风雨中稳稳生长的树，从不因外界的风波而摇动。每一次升迁，都不是偶然的幸运，而是你用不断努力、深思熟虑的姿态赢得的这片天地的认可。

你的谦逊与谨慎，使朝廷上下对你钦佩称赞备至。即便在盛宴纷繁的汴京城中，你依然选择留在书房，与书为伴。在众多文人雅士云集的场所，你也从未被繁华所诱惑，只是坚守在自己的心灵世界。甚至当宋真宗提及宴饮之事，你也带着一份朴素的幽默回道："回陛下，非臣不愿参与宴会，实则是那等高雅之地，费用极为奢华，臣恐难以承受，实在无法前往。"

你的直率和实在，让宋真宗对你愈加喜爱，也让你的名字愈加闪亮。

乾兴元年（1022），当宋真宗驾崩的消息传来时，你依然如往常般安静，身在权力的旋涡中，细心周全地看着一切变动。年仅十三的赵祯继位，成为宋仁宗，而刘太后开始垂帘听政。宫中权力的角逐如同暗潮汹涌，朝堂上风云变幻，然而，你依然坚定地站在自己的位置上。

天圣三年（1025），你升任枢密副使，成为与宰相齐名的高官。那一刻，你的权力与责任似乎达到了顶峰。你或许从未想过，权力的巅峰往往伴随着不可预见的挑战与试炼。

然而，仕途上的顺遂并未让你感到轻松，反而让你更加警觉。在那时，刘太后意欲任命张耆——一个并非进士出身且多在军中积累经验的武将为枢密使。作为一名文臣，你深知这一任命可能带来什么样的风险与影响，于是，你毫不犹豫地站出来强烈反对。

但你从不曾料到，这样的坚持，会让你与最强大的权力源发生冲突。刘太后作为当朝摄政的皇太后，毫不犹豫地执行自己的决定。而你，曾是她的故臣，曾经和她并肩走过一段路，因而这一次的反对，让你陷入了两难的境地。你为自己所坚持的原则感到自豪，但内心的焦虑与惶恐，却在时光中愈加沉重。

（二）

天圣五年（1027），你在一次陪宋仁宗巡视玉清昭应宫时，因随从动作迟缓而心生烦躁。原本只是一次简单的接触，却因你的怒火演变成了一场风波。你愤怒地将笏板甩到一旁，不仅打落了随从的几颗门牙，也让朝中所有人都感受到了你积压已久的不满。

一石激起千层浪，这个动作迅速传遍了朝堂之上。谏官们抓住了这个机会，上书弹劾。你的形象在他们眼中从不容忽视的智者变成一个失去理智的愤怒臣子。众人纷纷议论，你一直都是冷静与谨慎，从未如此失控。这一场突如其来的风波，最终让你丢掉了枢密副使的职位，成为刑部侍郎，被贬往应天府（今河南省商丘市）。

你并未被这次贬谪打垮，反而开始反思自己在权力与责任面前的立场。虽然失去了曾经的荣耀，但你仍旧保持着从容与冷静。在新的岗位上，你以更加谦逊的态度去做事，去培养人才，去为民做实事。你可能并没有想到，这场突如其来的谪贬，反而成为你人生的转折点。

应天府的土地广阔，往返于平凡的田间巷陌，渐渐成为你日常工作的一部分。你并未迷失在失意中，而是以饱满的热情投入地方的管理与改革之中。你走访百姓，巡视乡里，亲自督导学校的发展，尤其在教育上，投入大量的精力。你不仅关心应天书院的建设，还邀请范仲淹等学术大家前来执教，致力于培养一代又一代的栋梁之材。你深知，只有文化的力量，才是国家长治久安的根基。应天书院在你的努力下，迅速崭露头角，成为全国四大书院之一。

然而，正当你满怀热忱地投入工作时，命运的转轮又一次悄然转动。仅仅两年的时间，你便重新回到了汴京，担任御史中丞，执掌御史台。这次复职，给了你巨大的信心与勇气，你的眼中再次燃起了光芒。

回到朝廷之后，你已经不再是那个年轻时在权谋之中细心谨慎的书生，你的经历让你更加稳重而深邃。在升任御史中丞后，你坐镇朝堂，处理国事，依旧怀着一颗温文尔雅、清心寡欲的心。在这样的环境中，时光仿佛将你磨砺得更为内敛、从容。或许正是这一份从容，成就了你后来那首流传千古的《浣溪沙 · 一曲新词酒一杯》：

浣溪沙·一曲新词酒一杯

一曲新词酒一杯。去年天气旧亭台。夕阳西下几时回？

无可奈何花落去，似曾相识燕归来。小园香径独徘徊。

这首词是你在天圣五年（1027）任应天府教授时所作。灵感涌现时，或许你正独自徘徊于一处小园。那时夕阳斜照，花瓣轻落，温柔的风拂过你的面庞。你静静地看着那逐渐消逝的花朵，感到无可奈何，仿佛在无声地诉说着对人生无常的感慨：“无可奈何花落去，似曾相识燕归来。”

这两句，清丽而不失哲理，仿佛一口气吐尽了你心中所有的无奈与思索。那种对生命流逝的感知，以及对过往时光的思念，充满了深刻的情感。在你心中，生命如同那落花般不争气地飘零，然而，在每一次回望之中，又似乎总会有一些熟悉的东西回归，给予些许慰藉。

这一句，便成了你一生中最具代表性的文字，给人无尽的思考与感动。你像一位在岁月中行走的诗人，用文字穿越了无数个时光的缝隙，找到了属于自己的情感归宿。

你用诗词记录下了世事无常、人生如梦的感受，而你的行为也始终如同这首词中的意境淡然处之，洞察生命的深意。

天圣七年（1029），你再次被召入朝廷，担任御史中丞兼刑部侍郎，这一职务让你重新回到了权力的核心。仁宗皇帝对你不吝赞赏，特意赐予你绣带，以示对你特别的恩宠。你明白，这份荣宠来之不易，也深知自己肩上的重担有多么沉重。

你的心，始终如清澈的湖水，平静无波，但内心的那份坚守与执着，让你在动荡中依旧保持着一颗冷静的心。你的政治生涯如同一场长跑，每一步都走得稳扎稳打。你依旧心无旁骛地在文官的舞台上行走。而在那首清丽的《浣溪沙·一曲新词酒一杯》中，你融入了你的哲理与感悟，给人带来了安慰与启示。

天圣八年（1030），你已经站在了文坛的巅峰，成为天下举子的主考官——“知礼部贡举”。这对你来说，不仅是一项重要的职务，更是一次极高的荣誉与责任。作为主考官，你不仅要评定举子的才学，更要在这场智者的较量中，见证无数年轻学子的命运。

你作为主考官，坐在那宽敞的考场之中，旁观这群年轻人如鱼跃龙门一般拼搏。虽然你心中明了其中的荣辱得失，却也深知，这个世界并非每一分努力都能立即得到回报。你目睹欧阳修在失意中暗自咬牙，见证他的坚持与不甘，而你的一份从容与温和，则似乎指引了他和其他学子们通往未来的道路。

天圣九年（1031），你升任三司使，步入了更高的政治舞台。你如同一棵在风暴中屹立的老树，稳重、坚强，不为外界纷扰所动。在这条通往巅峰的道路上，你从未因为职位的升迁而迷失，反而在每一次职责的更替中愈加明白了为国为民的责任与使命。

明道二年（1033），刘太后将要拜谒太庙，她身穿衮冕前行。此举对你来说，是一个微妙的局面。你，一向以缜密著称，于是举出《周官》后服一节，谦和地劝阻了她。你知道，这不仅仅是衣着之事，更关乎另一个大事——权力与礼法。

这一行为，或许是你官场上众多智慧的体现之一，但谁知，它也为你日后命运的变化埋下了伏笔。

（三）

三月，刘太后逝世，仁宗亲政。仁宗震惊地得知，自己的生母竟然是李宸妃，而非一直以为的刘太后。这个谜底揭开时，圣上长时间难以平复。你作为李宸妃墓志铭的撰写者，深知这背后的敏感与复杂。你曾在墓志铭中提到李宸妃只生了一个早夭的女儿，这一字一句，悄然掩盖了真相。仁宗得知真相后，愤怒与失望交织，将责任指向了你，尽管吕夷简等宰相极力劝解，试图保全你的声名，但你依旧难逃被外放的命运。

因此，你被贬至亳州。亳州的岁月，安静而落寞。你独自徘徊在这片陌生的土地上，思考自己的过去与所作所为。你并非不知错，只是你也是在权力旋涡中被环境逼迫，才做出了违心的选择。心底的痛，愈发沉重。

然而，亳州并非完全没有希望。在这片平凡的土地上，你听到了一则动人的爱情故事，心中难免有所触动。你笔下生花，便写下了《吊苏哥》：

吊苏哥

苏哥风味逼天真，恐是文君向上人。

何日九原芳草绿，大家携酒哭青春。

尽管苏哥身为风尘女子，却情深意切，纯洁如水，令那些虚伪做作的士大夫都自愧不如。朝廷之上，群贤毕至，皆饱读诗书，个个言辞严谨，然而你被卷入其中，违心地做出欺瞒皇帝的事。

每每思及此，你心中不禁痛楚，良知如同重石压胸一般。可身处如此险恶的环境，自己孤立无援，又如何能够抵挡呢？那些人不过是沉默的大多数中的一员，任凭风云变幻，又有何力可言？

在亳州的岁月里，尽管你感到失落与孤寂，你却没有忘记自己曾经的才识与眼光。你继续培养儿女，大儿子任奉礼郎，六子被任命为秘书省校书郎。而你对未来的希望，便在这些年轻人的身影中找到了新的寄托。你甚至把次女许配了榜眼杨察，又为大女儿找到了理想的归宿——富弼，这两位才俊后来都成了朝中的支柱。

在亳州的岁月，看似平凡，却也藏着无数可能。凭借心中不服输的信念，你始终没有被现实压垮。你明白，人生如戏，风波难免，而真正的智慧，是在历经风雨后，依旧能够坚守自己的本心。

那是一个微凉的春日，绿杨依旧，芳草依然，长亭路上几声燕语，依稀带着往日的温馨。你从窗外望去，心中却翻涌着无尽的思绪——岁月带走了什么，又留下了什么？你多少次在这样的日子里，依靠这片绿意来抚慰内心的伤痛。那些曾经的离别，像是沉甸甸的梦，一次又一次在心头萦绕，难以摆脱。

你缓步走到窗边，手轻扶窗棂，眼神却不自觉地落在了那片飘散的花瓣上。五更钟声响起，楼下的景象已经暗淡，只有几缕残梦尚在心间盘旋。

"这一切，似乎总是在重复……"你低声自语，回想着那些过往的日子，那些已成追忆的年少时光。你闭上眼，默默地感受着内心的变化，你或许已不再年轻，朝堂上的纷争不再让你心动，而心里的那份情感，却愈加深沉。你明白，有些情感人无论如何挣扎，都无法摆脱。你拿起笔，写下了这首词：

玉楼春·春恨

绿杨芳草长亭路，年少抛人容易去。楼头残梦五更钟，花底离愁三月雨。

无情不似多情苦，一寸还成千万缕。天涯地角有穷时，只有相思无尽处。

当你写下这最后一句时，心中已然明了，真正无法消除的，不是离别的痛苦，而是那份无尽的相思。它像是这春日里微凉的风，悄无声息地拂过，却又无处不在。

时光如沙，流转得无声无息。你因“墓志铭”事件被外放至亳州、陈州，已经过了五年，这段时间，你从未放弃过对自己的坚持与执着。直到宝元元年（1038），你终于再次踏上了汴京的土地。此时，你已经四十七岁了，历经沉浮。你回到了朝廷，再度担任御史中丞，那个久违的职位仿佛给你注入了新的力量，几乎没有多少停歇，你便因工作上的出色表现，很快升任了实权在握的三司使，掌管着朝廷的财政与税务。

同年十月，就在你迎接仕途新高峰的时候，西北的李元昊称帝，建立西夏，出兵陕西。战争的阴云很快笼罩了整个北方，边情紧急，西夏的进攻使得局势愈加危急。作为文官，你本应谨慎如常，此时却迎难而上，提出了四项至关重要的建议。

你分析局势，奏陈四项要务，开始为国家、为百姓筹谋未来的工作：撤销内臣监军，给予前线统帅更多的自主权，让听见炮声的人做出决策；招募弓箭手，加强后方支援；清理宫中的积压财物，充实军饷；追回各司侵占的物资，补充国库。这些建议极为精准，切中时弊，且操作性强。你的主张很快得到了仁宗的采纳，西夏的进攻最终在宋军的坚强防守下失败，而你，也展现了前所未有的政治智慧。

尽管职位是文官，你却巧妙地平衡了战时的指挥与后勤保障。你的身影，虽未曾亲临前线，却在背后默默支撑着整个国家的运转。你的眼光和智慧，让整个朝廷都为之钦佩。

你的人生并非只是一个简单的朝官生涯，你的名字，已经成为历史上不可忽视的力量。在紧张的军务与国家大事之间，你早已脱离了过往的浮躁和困顿，成为一个更加成熟稳重的自己。你重新审视历史，审视人心，审视自己的责任与使命。

（四）

庆历二年（1042），你已五十二岁，荣登仕途巅峰。你升任枢密使，直接掌控军事大权，还兼任刑部尚书、集贤殿大学士、同中书门下平章事，成为当时无可争议的权力核心。

你终于站在权力的巅峰，成为宰相。在这一刻，你静默地望向窗外，恍若看到少年时的自己，那个刚刚踏入朝堂的年轻学者。岁月沉淀了你的锋芒，却磨砺了你的智慧和耐性。你明白，获得宰相的权力不是最终的目的，你真正追求的，是如何在这片广袤的土地上，为百姓铺开一条通往未来的道路。

经历过官场的浮沉，你的心境也随岁月沉淀变得更为深沉。那是一个初夏的清晨，天边的云淡如水，湖面的水波缓缓荡漾，轻轻拍打着岸边。阳光从树影间斜照下来，温暖而不炙热。湖面上漂浮着几朵白色的荷花，微风拂过，带着花香，让人心神俱醉。

那一刻，你不禁感叹，时光如这湖水般悠悠流逝，自己的青春与风华似乎早已随着岁月的涟漪远去。几十年的光阴，悄然催人老去。你想起那些年少时的豪情壮志，想起那些曾经奋斗的岁月，那些为权力和地位而拼搏的日子。但如今，这一切都已变得模糊，取而代之的是一份深沉的安静。

“画鼓声中昏又晓。”你轻声自语，这鼓声不仅仅带来了节奏，它更像是在提醒你岁月的无情与时光的宝贵。你看着水面，微微一笑，仿佛有些释然。过往的得失，似乎已经不再重要了，真正重要的，或许只是眼前这一刻的宁静与清凉。

你忽然间有了某种领悟——即便是浮生短暂，难免有遗憾，但那些瞬间的欢愉与美好，也足以让人生变得不再虚度。你放下酒杯，轻轻放声唱起那首《渔家傲 · 画鼓声中昏又晓》。

渔家傲·画鼓声中昏又晓

画鼓声中昏又晓。时光只解催人老。求得浅欢风日好。齐揭调。神仙一曲渔家傲。

绿水悠悠天杳杳。浮生岂得长年少。莫惜醉来开口笑。须信道。人间万事何时了。

唱着唱着，仿佛所有的忧愁都被歌声驱散，周围的湖水和荷花也似乎与这首词相互呼应，融为一体。你的声音不再那么高亢，却带着一种历尽沧桑后的平和与温暖。你微微闭上眼睛，沉浸在这一片宁静的湖光山色中，仿佛自己也成了湖水的一部分。

庆历四年（1044）九月，风声骤紧，朝堂上弥漫着一种不同寻常的气氛。你静静地坐在书房里，手中的折子被你捧得稳稳当当。但你能感觉到，整个朝廷的风向正在发生变化。那些本该忠诚于国、理性务实的谏臣，今日却纷纷朝你发难，孙甫、蔡襄，甚至连平日与你亲近的官员，也都在暗中摇摆。

你并没有慌张，只是抬头望向窗外。你默默地低下头，读着折子上的字，细细品味其中的每一句话。

“在谏官反对欧阳修出任河北都转运使时，未能阻止。”你心中暗自一叹。这是你最大的过失，心头的愧疚一时间如潮水般涌来。你曾经为朝廷之事深思熟虑，但也知道，有些决定是难以两全的。你没有想到，曾经的一个决定，竟会成为自己今日遭到弹劾的根源。

然而，不止于此。你对西夏过于软弱的态度同样被责难，甚至有流言四起，提起那笔旧账——李宸妃墓志铭的事。你知道，做一个朝臣，许多事情难以避免。那些看似平淡的过失，往往会在某个时刻被细细盘点出来，成为你失去权力的理由。

你深深地叹了一口气，心中却是清明的。你知道，这些弹劾并非完全无理，自己的一些决策也确实留下了隐患。你曾一直在想，如何能够在这个复杂的朝廷中保持初心，坚守自己对国家的责任。但世事难料，许多事情的结果往往不是你能够预见的。

“晏卿，不必如此忧心。”一个熟悉的声音从门外传来，是你的好友、旧臣赵元俨。他推开门走进来，手中捧着一杯温热的茶。

“我早该明白，权力的得失，皆由天命。”你看着赵元俨，他的神情没有一丝波动，眼中倒映着你脸上的从容与冷静。

赵元俨轻声道：“若是此事真有误，且先静候结果。天子虽不会完全信任他的臣子，但也不会冤枉忠臣。”他眼中的忧虑你看得清楚，但他依旧平静，“有时，局势的变化，只是让你多走几步路罢了。”

你点了点头，没有言语。因为你知道，这些话说得再多，也无法改变目前的局面。

几天后，朝廷的决议如你所料，最终，你被罢相，调任工部尚书，前往颍州任职。你的心里没有过多的惊讶，仿佛这一切你早有预见。你曾以为自己能够稳稳地站在权力的巅峰，然而，你清楚，命运并不由人控制。

离开京城时，你望着那座熟悉的皇城，心中并无太多留恋。四十余年，风风雨雨，走过太多的起伏与曲折。你不怕失去，唯一担心的，或许是这一路走来，是否还记得自己的初心。

在颍州，你开始了新的工作。你心无旁骛，依旧埋头为民办事。你向当地百姓捧起希望的种子，办学兴教，培养了无数才俊。你从不问他们会否记得你，只是希望通过这些行动，给这片土地带来真正的改变。

岁月流转，命运如同那些渐渐散去的秋叶。你依然专注于每一项民生事务，而在那些渐行渐远的风景中，你的内心早已变得更加轻松。

六十岁时，你再度被召回朝廷，担任了户部尚书，充任永兴军节度使，巡防西北。虽然已经步入晚年，但你依旧坚守职责，安抚边疆，捍卫国家安全。你的步伐不再急促，却从未停歇。

至和元年（1054），你已是六十四岁的人了。那年初夏，开封的空气蒸腾着一层湿热的氤氲，连树叶也显得懒散。你从未想过，自己会有一日因病而离开这个熟悉的朝堂，离开那些渐渐远去的政治风云。身体的疲惫逐渐掩盖了心中的豪情与志向，疾病的侵袭让你不得不向命运低头。

你向仁宗请求回京调养，心中没有多余的言语，只是简简单单地提了一句："愿陟高冈，望远山。"你知道，这句话里藏着你心中的坚持和温柔。你所依赖的，不仅是庙堂之高，更是身边那一片片飞扬的书卷和悠悠的谈笑。

仁宗亲自召见你时，他的神色略带忧虑，但你用平静的眼神与他对视，轻声道："陛下，臣病在床，不足为惧。若能痊愈，定再为国事效命。"

皇帝那时的眼中闪过一丝无奈和悲悯，似乎已经预见了某些无法避免的失落。你看得出来，他心里对你的倚重与不舍远，比他自己表现出来的冷静更为强烈。他命你每隔五日觐见，依然用宰相的规格对待你。这份情深义重，多年来你一直未曾言表，却在这一刻显得尤为深刻。

然而，病魔终究不曾放过你。至和二年（1055）正月，你知道，自己的时日不多了。仁宗得知你病重，心中满是牵挂，打算亲自前去探望。你心知肚明，皇帝的步伐不会急促而来，有千重的事情让他无法拔冗。你想安慰他，却又不忍让他为你分心。

于是，你派人上奏，说："臣老病在身，虽尚未痊愈，但并不值得陛下为臣忧心。臣自会安好，已无大碍。” 即便如此，你的语气依然平静，似乎是在告诉自己，也是在告诉他，面对命运的无常，人总是应该保有一份宁静。

正月二十八日，你闭上了眼睛，安然地离开了这个纷繁的世界，享年六十五岁。那一天，天光微亮，宫墙内外一片寂静。只有钟声传来，宛如为你送行的长笛。

仁宗亲自前来祭奠，为你辍朝两日，以示悼念。他赐你“元献”的谥号，这不仅仅是一个名号，更是对你一生精神的肯定。在你的碑文上，篆刻了“旧学之碑”四字。这个名字，不仅属于你的一生，更属于你那颗永远不曾改变的初心。

你的一生，经历了不知多少曲折起伏。你有过巅峰，也有过低谷。你为国尽职，曾两度出任宰相，治理天下；你为民操心，曾在地方上亲自治学，培养人才；你也曾因政治风云变幻，遭遇过不解和指责。然而你始终坚持着自己的信念，一心为国，安民立教，处世不争，辞让不躁。

你的故事，到这里就结束了。

一口气概述

他的名字，叫作晏殊。

他不仅是北宋的杰出政治家，也是文学史上的一位璀璨星辰。晏殊一生致力于国家的治理与学术的传承，留下了无数的治国理政之策和脍炙人口的诗词。他的成就，不限于政治上的才华和贡献，更在于他为后人开创的文学风潮，以及他在教育领域的深远影响。

在政治上，晏殊的影响力无疑是巨大的。宋仁宗即位初期，局势复杂，朝中权力斗争激烈。面对宰相丁谓和枢密使曹利用的权力角逐，晏殊勇敢地挺身而出，提出让太后垂帘听政的建议，成功地稳住了政局，为仁宗的稳定治国铺平了道路。

在宋夏战争爆发后，晏殊作为同平章事兼枢密使，提出了一系列有效的战争建议，尤其是在整顿财赋和军制方面，他的智慧为国家赢得了时间。更重要的是，晏殊非常重视人才的培养与选拔，许多后来的名臣大将，如范仲淹、孔道辅、王安石、欧阳修、韩琦等，都得到了晏殊的栽培与推荐。

在文学上，晏殊是北宋婉约词风的奠基者之一。他的词作继承了南唐“花间派”和冯延巳的典雅流丽，但又开创了别具一格的风格，温润、雍容、清丽、婉约，带有士大夫的风骨与气质。

此外，晏殊还在教育事业上做出了杰出的贡献。庆历三年（1043），他与范仲淹共同推动的“庆历兴学”改革，不仅在京师乃至全国范围内设立了官学，更为宋代教育制度的完善打下了坚实的基础。

作为北宋的名臣、学者与文化巨擘，晏殊在各个领域的贡献，远远超越了他所生活的那个时代，他的名字，将永载史册。

他的名字，叫作晏殊。

一盏孤灯，映照着书案上的残卷，窗外的梧桐树，叶落如雨。秋风起，带着些许凉意，轻轻拂过江南的水面，泛起一阵微波。晏殊抬起头，目光穿过窗棂，望向那片渐行渐远的天际。**他的眼神中不再有年轻时的锋芒与炙热，而是透出一种深沉的宁静——岁月洗净了太多的浮华与纷扰，只留下了这份淡然与宽容。**

他曾在浮华的宫廷中如日中天，也曾在权谋的旋涡中跌宕起伏，最终，他发现，所有的荣华富贵，不过是过眼云烟。只有那些曾经爱过、恨过、笑过、哭过的瞬间，才在记忆的深处生根发芽。

如今，他最深的情感，已不再是对外界的渴望，而是对内心的安放与释怀。他学会了在时光的流转中与自己和解，温柔地拥抱过去的一切。

今天，时光已经流转千年，世人早已淡忘了晏殊的名字，然而，每逢“金风细细，叶叶梧桐坠”的时节，每遇“余花落尽青苔院”的光景，许多人，仍会不由自主地想起他，想起他在千年前的那份感慨、那份无奈。

黄庭坚

我这一生，
只想做一个大写的宋朝人

题记

桃李春风一杯酒，江湖夜雨十年灯。他自漫漫人生路上来，风骨如松竹清朗，词笔如云水潇洒。

黄庭坚一生颠沛流离，却在诗文间恣意纵横。

他才华绝世，创江西诗派奇崛之风；他书法卓然，开宋代尚意之境；他数度谪居，依然秉持一颗从容不迫的赤子之心。他于冷雨孤灯下，写尽人间况味，任凭岁月沉浮，终不负诗意人生。

（一）

你的名字，叫作黄庭坚。

那是一个初夏的早晨，北宋庆历五年（1045）的洪州分宁（今江西省九江市修水县）双井村，细雨初霁，山间弥漫着淡淡的草木清香。竹林间，鸣蝉的歌声和潺潺的溪流共同奏响了生命的交响曲。而你，在一间竹篱茅舍中呱呱坠地，为这个静谧的乡村平添了些许的喜庆。

一岁时，你迎来了人生的第一次仪式——抓周。这一天，父亲黄庶用心准备了所有物件，双井村的亲朋好友也齐聚一堂。而你在众人期盼的目光下，被抱到桌案旁。

细嫩的小手伸出，在弓与笔之间徘徊片刻，最终稳稳握住了一支毛笔，挥舞着仿佛宣告了某种不容置疑的决定。人群爆发出一阵欢笑声，大家啧啧称奇："黄家又出了个读书郎！"

父亲站在人群后，望着你认真握笔的小模样，眼里满是欣慰。他默默记下了这一天，并在《伐檀集》中留下了这段话："楚俗，子生周一年，其日，陈食、饮、砚、墨、金帛之具，从儿戏弄，聚家人观以为乐，绳时先弄墨。"那一刻，他仿佛看见了你的未来：以笔为器，以文为志。

你的名字里，也承载了父亲的深远期望。长兄取名“大临”，源自《山海经》中“八恺”之一，寓意古代贤者的智慧与高尚品德。而你的小名“绳权”，只是年幼的代号。当父亲考中进士，翻开典籍时，目光停留在“庭坚”二字上。他告诉你，“庭坚”是远古圣贤皋陶的字，这位舜帝的良佐以正直和智慧闻名于世。你的名号，便是父亲赐予你的第一个人生目标。

在你们六兄弟中，四人的名字取自“八恺”，两人取自“八元”，每个名字都是黄庶为孩子精心选择的。这既是对古贤的致敬，也是家族精神的传承。而你，是这段传承中不可或缺的一环。

黄庶素来仰慕北宋大臣鲁宗道，敬佩他直言敢谏的风骨。于是，当为你取字时，他毫不犹豫地选择了“鲁直”。这是父亲给予你的期望：以正直为骨，以才学为韵，成为一个能肩负时代重任的人。

从小你便已聪颖过人，读书数遍就能倒背如流。亲人们对你赞不绝口，而舅舅李常的惊叹尤为深刻。

“鲁直，这书中写的是什么？”李常从书架上随手取下一册古籍，试探性地问你。

稚嫩却自信的声音不假思索地回答了出来，不仅准确无误，还旁征博引，令他瞠目结舌。你的舅舅久久地注视着你，眼中既有惊奇也有几分欣慰。他感慨道：“此子学业一日千里，堪称千里之才。”

重熙十八年（1049），你五岁。此时的你，已能诵读《五经》。一次课堂上，你突然问老师：“先生常言《六经》，为何却只教我读五经？”老师一怔，回答道：“《春秋》难读，不必研习。”你却不肯认同，直言道：“既然称为经，为何不读？”

你的执着让老师愣住，他没再阻拦。而你仅用十天，便将《春秋》背得滚瓜烂熟，无一字遗漏。父亲黄庶得知后，喜不自禁。他拍拍你的肩膀，眼中透着骄傲：“我儿警悟非常，当以科举为志！”你却摇头一笑：“读书岂是为了此等琐事？何其无趣。”那种淡然的神态，仿佛已将名利视为过眼烟云。

北宋皇佑三年（1051），你七岁，已开始以诗寄情。这一年，你写下了著名的《牧童诗》。

牧童诗

骑牛远远过前村，吹笛风斜隔陇闻，

多少长安名利客，机关用尽不如君。

一个牧童形象跃然纸上。你笔下的牧童骑牛吹笛，悠然自得，仿佛与世无争。你用这短短几句，便勾勒出名利场中的种种忙碌与虚妄，与牧童的恬淡形成了鲜明对比。年幼的你，已对世事洞若观火，超然于俗。

翌年，北宋皇佑四年（1052），你八岁。一位友人即将赴考，你以诗相送：

送人赴举

万里云程着祖鞭，送君归去玉阶前，

若问旧时黄庭坚，谪在人间今八年。

嘉祐三年（1058），秋意渐浓，十月的康州已有些寒意。你的父亲黄庶在太守任上病逝，消息传来，犹如秋风吹过稻田，掀起了家中难以平复的哀伤。彼时的你年仅十四岁，面对骤然间的天伦断裂，少年的肩膀却已经开始承载起家族的责任。

你的母亲李氏是一位温婉而博学的女子。她是北宋藏书家龙图阁学士李常的姐姐，出身书香门第，年轻时便以才貌闻名乡里。失夫之痛未能击垮这位坚毅的母亲，她将全部的希望倾注在你的身上。在那个凄冷的深秋夜晚，她轻轻抚摸着你的头，低声说："鲁直，我不能教你更多，便将你托付给舅舅，随他游学吧。"

你明白母亲的期望，也明白这次离别意味着什么。嘉祐四年（1059）初春，双井明月湾，晨光熹微，薄雾如纱。你登上了小舟，眼前是即将开始的淮南游学之路，而身后，是站在岸边的母亲。她的身影在微风中略显单薄，却如青松般挺立。

"鲁直，这首词随你一起上路。"临别之时，母亲从袖中取出一张素纸，上面是她亲手写的《浣溪沙》。字迹娟秀而清丽，仿佛带着她温柔的叮咛："无力蔷薇带雨低，多情蝴蝶趁花飞。流水飘香乳燕啼。南浦魂销春不管，东阳衣减镜仙知。小楼今夜月依依。"

你将词折好，郑重地放入行囊。泪水模糊了视线，却未曾模糊你的决心。船行渐远，母亲的身影终于消失在雾霭中。

在舅舅李常的身边，你开始了三年的求学生活。这三年，是你人生的重要转折点。李常不仅是你的亲人，更是你的导师。他宽厚博学，总是耐心地解答你的疑问。他常对你说："鲁直，读书不可仅求数量，更要深入其中，领会精髓。”

在扬州，你结识了著名的文学家孙觉。那是一个春日的午后，孙觉与好友王平甫正在庭中激烈地争论一首诗的韵脚是否恰当。你站在一旁，眼神专注，眉宇间透着自信。孙觉见你神情有异，随口问道："鲁直，你可有什么见解？"

你微微一笑，沉稳地答道："诗如流水，自然成韵。若刻意斟酌，反失其味。"这简单的一句话让孙觉眼前一亮，他忍不住感叹："好一个聪颖少年！"

后来的接触中，孙觉越发欣赏你，便将女儿孙兰溪许配给你。从此，文学与爱情交相辉映，你的学业也在舅舅和孙觉的帮助下更加精进。

多年后，你回忆起这段时光，深情地说："长我教我，实惟舅氏。"

在那书香盈满的岁月里，你不仅学会了诗文书画，更领悟了做人做事的道理。

嘉祐八年（1063），初春，桃花吐蕊，天地间弥漫着万物新生的气息。你走入乡试的考场，年仅十九岁。空气中带着墨香与纸张的轻微摩擦声，那是百余名才子伏案疾书的共鸣。几日后，乡试放榜，你的名字赫然列于榜首，也就是说，你成了当年的解元。

乡试第一的消息传回双井，村中老幼无不欢呼雀跃。母亲李氏听闻后轻轻掩面，喜极而泣："鲁直，他终于不负家教。"你却波澜不惊，只是静静望向远方，目光中多了几分坚毅。

次年，治平元年（1064），秋风送爽，你怀揣着满腔期待，进京参加科举考试。金銮殿外的桂树正盛，一如你胸中的凌云之志。然而，当放榜的黄纸挂上时，不见你的名字。落第的现实如冷风袭来，可你的脸上没有一丝失落。友人问你：“鲁直，为何不见你惆怅？”

你淡然一笑，答道：“文章之道，当以学养为本，功名不过是时运耳。”这份从容让友人肃然起敬。夜晚，你倚窗而坐，低声吟诵：“不以物喜，不以己悲。”月光洒在案上的书卷上，你翻开它，又沉浸在浩瀚的学问之海中。

治平二年（1065），你归乡，回到江西修水双井。在芝台书院与樱桃书院之间，你如游鱼入水般继续深造。书院中四壁陈书，卷帙浩繁，窗外却是一片樱红蕉绿。读书时的你，总是神情专注，笔下飞舞的字迹仿佛诉说着你的无尽追求。

时间流转至宋英宗治平三年（1066）。你再度参加乡试，经过数日的伏案挥毫，你下笔如有神，文思如泉，再次荣登榜首。主考官李询批阅你的诗文时，情不自禁地击节赞叹：“此人不惟文理冠扬，异日当以诗名擅四海。”

次年，你再次走进科举考场，面对桌案上的试卷，内心澄明如镜。三日三夜，挥毫成章，思如泉涌。

放榜之日，晨光洒满皇城。人群熙熙攘攘，议论声此起彼伏。当三甲榜首揭晓，你的名字被高高挂起——第三十一名进士。消息传来，众人惊叹：“鲁直，终得功名！”你依然不改从容，只是默念：“积学以储宝，酌理以富才。（《文心雕龙·神思》）”

（二）

治平四年（1067），你担任汝州叶县县尉。在你抵达叶县的那一天，夕阳下的古碑在余晖中投下长长的影子。你伫立良久，低声吟道：“白鹤去寻王子晋，真龙得慕沈诸梁。千年往事如飞鸟，一日倾愁对夕阳。遗老能名唐郡邑，断碑犹是晋文章。浮云不作苞桑计，只有荒山意绪长。”这首《初至叶县》，不仅写下了你初到任地的感怀，也拉开了你仕途的帷幕。

然而，仕途之路从来都不是坦途。上任不久，河北地震的消息传来，紧接着爆发了洪涝灾害，大批难民涌入叶县。你目睹他们衣衫褴褛，神情凄惶，心中满是愧疚与不忍。你对自己说：“邑有流亡愧俸钱。”

于是，你日夜奔波，亲自巡视灾区，组织赈济，为流离失所的人们提供栖身之所。夜深时，你站在昏暗的灯下，写下了《流民叹》：

流民叹

朔方频年无好雨，五种不入虚春秋。迩来后土中夜震，有似巨鳌复戴三山游……

你用文字记录下灾民的苦难，也记录下内心深深的痛楚与责任。

从熙宁元年（1068）到熙宁四年（1071），叶县的天空渐渐重现光明，而你也在这里迎来了诗文创作的第一个高峰。在四年的时间里，你创作了上百首诗篇，或抒发山川情怀，或揭示世事无常。叶县的古道、荒山、断碑，都成为你灵感的源泉。

然而，这段岁月并非只有诗文的繁盛，也伴随着你人生中最深的痛。这四年里，你的妻子孙氏因病去世。她是你的知己、你的伴侣，也是与你诗文共鸣的佳人。你无力改变爱人离去的现实，只能发出深深的叹息。

在叶县的四年，是你人生旅程的重要篇章。这片土地的苦难与希望，都融入了你的文字，而你的名字——黄庭坚，也开始慢慢在文坛上熠熠闪耀。

熙宁五年（1072），带着满腔的抱负来到北都大名府，掌管“北京国子监”教育。这里繁华且喧嚣，街巷中的叫卖声和车轮碾地声络绎不绝。国子监的讲堂里，你站在台上，迎上一群年轻学子的眼神。他们充满期待，而你有些紧张——这份教书育人的责任，是你从未承担过的。你走下讲台，看着学生们认真抄写讲义的模样，忽然觉得心里多了一份温暖。你不仅是教授文章，更要点燃他们内心的希望之光。

熙宁六年（1073），生活为你打开了一扇新的门。你续娶谢景初之女谢氏为妻。她温和娴静，却有一颗坚韧的心。婚后的日子不算富足，但她常以一盏清茶和几句劝慰，让你在学官的繁忙中找到一隅安宁。熙宁八年（1075），你们的女儿黄睦出生，那一刻，你明白了生命的重量。

她是你未来的牵挂，更是你生命的延续。

在课堂上，你对学生说：“写文章，先做人。心不正，则笔无锋。”他们点头，而你心里也很清楚，自己也在这些话中找寻方向。你的教导让许多学子受益，他们在私下提到你时，常用“亦师亦友”来形容。

你的诗文才华在这一时期愈发光芒四射。元丰元年（1078），苏轼在读到你的文章之后，写信赞叹：“超凡绝尘，卓然独立。”这让你感到意外，也让你欣喜——你通过文字跨越千山万水，与知己相遇。你主动回信，因此，你们两位文学巨匠开始了长达数年的书信交流。

元丰二年（1079），你的教授生涯告一段落。文彦博的评价是“卓异”二字，这是对你这段岁月的总结。你为官清廉，从不受贿，用实际行动诠释了“但愿官清不爱钱”的信条。

元丰三年（1080），你三十六岁，出任泰和县知县，泰和的盐税政策让百姓们苦不堪言，而你上任后做的第一件事，便是整顿吏治，抗拒不合理的盐策。县吏们私下抱怨：“别的县都争着多收盐赋，咱们反倒要减少，万一朝廷怪罪该怎么办？”你却坚定地说：“盐策是用来养民的，不是压民的。百姓活不下去，官吏能安生？”

在你的治理下，泰和县逐渐恢复了生机。乡亲们惊讶地发现，往日盘剥成风的衙门变得清朗了。盐税减少，米粮丰足。你整顿吏治，亲自巡视乡间，倾听百姓的心声。他们渐渐习惯称你为“黄青天”，这称呼不仅是由于尊敬，更是发自内心的爱戴。

百姓们至今记得你登上快阁的那一天。那是个秋日傍晚，天边的云霞如火烧般灿烂。你站在阁上，凝望千山尽处，忽然提笔，写下：“落木千山天远大，澄江一道月分明。”

诗句传开后，大家心里暗想：这位县长不仅心系苍生，还有这样的才情，真是咱们泰和县的福气。

几年后，当你离开泰和时，乡亲们自发相送。泰和县的大道、学堂、商铺纷纷以你的字号“山谷”命名，在泰和县的岁月里，你渐渐成为百姓口中传颂的传奇。你像一场润物细无声的春雨，滋养了这片土地，也在人们心中留下了一片丰美的江南梦。

（三）

元丰七年（1084），你忽然从泰和县的“黄青天”沦为德平镇的一名镇监。这个调任来得猝不及防，具体原因却说不清楚。曾经的你治理一方，百姓拥戴，如今，你的主要任务却是管理集市，监督税收与治安。

你站在德平镇的街头，冷风吹过，一片枯叶落在脚边。集市上的吆喝声稀稀拉拉，摊贩脸上的疲惫几乎盖过了冬日的阳光。德州通判赵挺之提议在此推行“市易法”，以扩展商业，但你心知肚明，这片贫瘠的土地承受不起这样的改革。

“德平地小民穷，强推此法，只会让集市散去，民众流离失所。”

你在议事厅上据理力争。赵挺之冷笑着说："你不过一介降职之人，怎敢质疑上级的决定？"

听到这句话，你心中并无愤怒，只有一种深深的无奈。朝廷之事，不是你一人能够决定。

然而，即便仕途受挫，你也从未放弃对文途的开拓。在短短不到半年的时间里，你创作了多篇优秀的诗文。其中，你印象最深的经历，当数那一次。

那个夜晚，你身处德平镇，孤身一人，遥望千里之外的旧友黄几复。

黄几复，这个名字浮现在你的脑海，伴随着的是少年时的欢声笑语。你们曾在南昌的春日里把酒话诗，桃李花下尽是豪情。然而十年光阴如江湖上的一叶扁舟，带走了春风，却留下了寂寞的灯火与无尽的思念。

这一夜，雨声敲打着窗棂，像是一种无声的呼唤。你提笔写下了《寄黄几复》。

"我居北海君南海，寄雁传书谢不能。桃李春风一杯酒，江湖夜雨十年灯……"诗写到一半，你停下了笔，望向窗外。雨幕中似乎隐约有南方的轮廓，那是你魂牵梦萦的地方，也是黄几复所在之地。彼时的你，眼中既有怀念，也有几分苍凉，当笔尖再次触碰纸面时，文字中多了一丝沉重："持家但有四立壁，治病不蕲三折肱。想得读书头已白，隔溪猿哭瘴溪藤。"

你深知岭南的艰苦，那里猿声哀切，瘴烟环绕，是一片苦难之地。然而，你也明白，黄几复定然如昔日一般，以书为伴，以心为灯，即便困境重重，依然昂扬如故。

窗外的雨渐渐停了，月光透过云层洒下微弱的光辉。你将诗卷折好，轻轻叹息："若雁能过回雁峰，这思念便有寄托。"然而，你也清楚，这寄托不过是一个渺茫的梦。

在德平镇任职的时间虽短，却给了你另一种人生的视角。在这里，你看见了百姓的困苦，感受到仕途的无常，也更加坚定了心中的信念：功名虽可贵，然不失诗心、不负赤诚，方为人之本。

元丰八年（1085），四十一岁的你被召入京师，任秘书省校书郎。这是你仕途的新起点，也是生活的转折点。那年的五月，你的儿子黄相出生了。当你第一次抱起这个小生命时，眼里是难掩的欣喜。他小小的手抓住了你的指尖，让你感受到了一种从未有过的责任。你对妻子轻声说道："这孩子，将是我们家的希望。"

元祐元年（1086），宋哲宗即位，司马光推荐你参与校订《资治通鉴》。京城的书案上，卷帙浩繁，你的身影常常映在灯火之下。夜深人静时，你揉了揉疲惫的眼睛，低声念着："治史如修身，须求其真。"这份责任让你感到沉重，却也让你体会到一种深深的充实。不久，你又被任命为《神宗实录》检讨官。

元祐五年（1090），当《神宗实录》修成时，你被提拔为起居舍人。那时的你，已经在学问与仕途的道路上渐渐步入巅峰。然而，真正的考验还在后面。

元祐八年（1093），母亲病重。你守在她的床前，日日陪伴，衣不解带。每次看着母亲微弱的呼吸和日渐苍白的脸庞，你都心如刀割。邻人常说："黄舍人至孝，为人所不及。"但你心里明白，这并非因为名声，而是因为母亲是你生命的根基。

当她最终离去时，你的世界仿佛崩塌了。为了尽孝，你筑起永思堂，守在母亲的墓旁，哀痛成疾。邻人路过，总能看到你跪坐在墓旁，面色憔悴却眼神坚毅。有人低声感叹：“黄庭坚的孝心，天地可鉴。”

六月，服丧期满后，你重新回到仕途，任秘书丞，提点明道官，兼任国史编修官。从那时起，人们开始尊你为“黄太史”。

(四)

其实提到你，更广为人知的是你和苏轼的故事。熙宁五年（1072），那年你二十八岁，苏轼对好友孙觉说：“此人（黄庭坚）如精金美玉，不即人而人即之，将逃名而不可得也。”这些话，你未曾听见，但它如一颗种子，悄然扎根在苏轼心底。

六年后，元丰元年（1078），三十四岁的你怀着仰慕之情，写了两首古诗寄给苏轼。笔端透出的，不只是敬意，还有一份试探与期盼。当苏轼回信时，你读着他对你诗文的推崇，心里的激动难以掩饰：“子瞻竟如此看重我！”尽管千里相隔，那一刻，你觉得你们心灵相通。

然而，命运的风浪很快袭来。苏轼因“乌台诗案”下狱。大部分人噤声不言，甚至急于同他划清关系，而你没有退缩。当别人问你是否与苏轼有关时，你本可以避而不答，但你坚定地说：“苏子瞻是最忠直的文人。”这一句话，让你付出了不小代价，但你无怨无悔。

元祐元年（1086），终于等到春暖花开的日子。你与苏轼在京师见面。你走进他的书房，看见他爽朗的笑容，似乎所有文字中的想象都成了真实。他看着你说：“鲁直，何须多礼？我早盼此日。”你们相视而笑，心有灵犀。

自那以后，你们在春日庭院里，对酌畅谈；秋夜灯下，切磋诗文。苏轼常常对人说：“鲁直的诗，不但险韵奇绝，还充满生气，这是才情与学问兼具的作品。”

在京共事的三年，是你人生中最明亮的时光。你们唱和的诗文超过百篇，每一字每一句，都是友情的写照。你常在心里感慨：“他是我的师长，更是我人生中的灯塔。”而苏轼则笑着调侃：“鲁直虽称弟子，其才学却早已追上我了。”

元祐八年（1093），苏轼被贬，而你心中的痛楚无人能懂。你写诗寄托思念，那些文字中透着对他的敬意，也透着孤独。苏轼去世后，你久久不能释怀。每当提笔写下“子瞻”二字，你的笔锋总是停顿片刻，仿佛他的身影，依然在灯火深处。

绍圣二年（1095），你被贬巴蜀黔戎。这片西南的土地，山高水长，云雾缭绕，似乎要将世人的目光隔绝在外。这是一个偏远的地方，似乎与繁华的中原隔了千山万水，你的神色平静，仿佛这不是贬谪，而是一场久别重逢的归途。

有人问你：“庭坚，此去西南，你心中可有不甘？”你轻轻摇头，目光透过层层烟雨，淡淡地说：“山河再远，心可自安。天地无恙，何惧哀乐。”经过岁月沉淀，你早已练就了铮铮铁骨，是以才这样从容。

到达黔州（今重庆市彭水苗族土家自治县）之后，你很快建起了一座茅屋，取名“山谷草堂”。这不过是几根木柱支起的简陋小屋，屋顶的茅草在风中沙沙作响，但在你眼里，它已是一个可以安放内心的家园。

绍圣三年（1096），你的兄弟黄叔达从芜湖带着家人赶来看望你。那一天，茅屋外正下着绵绵细雨，你远远看见他们赶路的身影，泥泞的道路并没有减缓他们的步伐。见到兄弟的那一刻，你眼中的光亮如初升的朝阳，许久未曾浮现的笑容再次绽放。为了纪念这份难得的团聚，你写下了《谒金门·示知命弟》，字字句句满是珍重与感慨：“此心与天壤，岁月共无违。”

谒金门·示知命弟

山又水，行尽吴头楚尾。兄弟灯前家万里，相看如梦寐。

君似成蹊桃李，入我草堂松桂。莫厌岁寒无气味，余生今已矣。

在这片充满故事的土地上，你不仅教书育人，还将艺术与文化的种子播撒到每一片山岭。你为弟子们题铭，为学子们解惑。山谷草堂内外，常常挤满了慕名而来的年轻人。他们大多怀揣梦想而来，又带着感激而去。黔州的百姓说：“涪翁的教诲，如同泉水甘甜，滋润着我们的子孙。”

绍圣四年（1097），你前往涪州。在涪陵时，你为讲学堂题名“钩深堂”，寓意探究学问之深远。那是一段短暂却充实的旅程。到宜宾后，你收集杜甫在巴蜀的诗作，将三百余首诗全部刻成诗碑。你站在这些刻满诗文的石碑前，指尖轻轻划过碑文，仿佛在触摸杜甫的灵魂。这里的大雅堂，你亲自命名，注入了你对文化传承的期待。

有人曾感叹：“黄庭坚贬谪于此，却化腐朽为神奇，成就了诗书艺术的高峰。”你只是一笑而过。这片土地或许荒凉，却是你诗文焕发光彩的沃土。

元符三年（1100），大雅堂竣工。那一天，群山肃穆，江风阵阵。你站在堂前，目光如炬。这不是仕途的结束，而是另一段旅程的开始。你低声道：“诗书礼乐，当为传世之光。江河奔流不止，我辈亦当如此。”

在巴蜀的六年，你用诗文铭刻山川，用信念燃尽风雨。那一座座山谷、书堂，无不记录着你在文化长河中的身影，传承至今，历久弥新。

元符三年（1100），你终于从巴蜀的山川回归江南。徽宗即位，你被任命为监鄂州税，从千里之外踏上归乡之路。江南的水光潋滟映入你的眼帘，熟悉的乡音、温润的气候，似乎都在诉说一场迟来的团圆。

谁知好景不长，崇宁元年（1102）年，你被任命为太平州知州，上任仅九天便遭罢免，被调任主管玉龙观。你默然接受，并未多言。那些年，风雨如晦，你的仕途如浮萍般漂泊。有人为你鸣不平，你却摇头笑道：“自古仁者乐山，山河之间自有文章。”

次年，命运的风浪再次袭来。赵挺之的打压让你蒙上“幸灾谤国”的罪名，被除名羁管宜州。宜州，这片位于广西偏远之地的山城，以绵延的群山和郁郁葱葱的竹林著称，对你而言，它却是一场无尽流放的终点。

宜州的雨常常下个不停，湿润的空气里夹杂着竹叶的清香和泥土的气息。你站在草堂的廊下，看着雨丝连成帘幕。有人问你：“黄公，此地偏远，何以自处？”你转身一笑，淡淡地说：“笔墨为伴，山水作朋，便已足矣。”

在宜州，你一如既往地书写、讲学，用诗文填补内心的空寂。夜深人静时，你坐在灯下，提笔写道：

虞美人·宜州见梅作

天涯也有江南信，梅破知春近。夜阑风细得香迟，不道晓来开遍、向南枝。

玉台弄粉花应妒，飘到眉心住。平生个里愿杯深，去国十年老尽、少年心。

你的身影渐渐瘦削，但那种从容的神态依旧如故。

（五）

崇宁四年（1105），朝廷一纸诏令将你转往永州，然而，你未等到那天的到来。九月的一天，秋风微凉，你感到体力渐渐不支，病痛如潮水般涌来。你望着窗外的群山，轻声说道："诗书与山河共长，人生不过一旅。"那一日，你闭上了眼睛，宜州的竹林中响起了低沉的哀鸣。

在你生命的最后岁月里，你用宰牛的案板焚香读书，用三文钱买的鸡毛笔为朋友写跋，把在城墙上淋雨当成平生快事。你永远站着微笑而不跪着哭泣，哪怕为此颠沛流离，困苦一生，你从不后悔。

是的，你的故事，到这里就结束了。

后来，建炎二年（1128）胡直儒为你征集遗稿，整理《豫章黄先生文集》。绍兴元年（1131）宋高宗追赠你为龙图阁大学士，补偿你的后人。咸淳元年（1265）宋度宗追谥你为"文节"。

千百年来，人们以"黄文节公"尊称你。你的诗文和书法如灯塔般照亮了后人的旅途，而你的从容与坚韧，早已超越了时间，成为一个永恒的典范。

一口气概述

他的名字，叫作黄庭坚。

黄庭坚是北宋时期一位杰出的诗人和书法家，他的一生，贯穿了文学与艺术的追求，也书写了才情与坎坷的交织。江西诗派——这个影响深远的文学流派也因他而生。这位“山谷道人”，用自己的坚持和才华，为后世留下了宝贵的精神财富。

黄庭坚的诗，是深思熟虑的产物。他崇尚杜甫，提倡“无意于文，夫无意而意已至”。在他看来，真正的好诗不在于华丽的辞藻，而在于情感的自然流露和意境的深远。他提出了“点铁成金”“夺胎换骨”的诗学理念。用他的话来说，点铁成金是将平凡的素材转化为艺术的珍宝；夺胎换骨是学习前人而又超越前人，赋予作品新的生命。

他是一个讲究细节的人。他的诗常常一字一句锤炼到极致，追求每个字都有其独特的来处。

黄庭坚不仅注重字句，更讲究诗的结构。他把诗的章法比作织锦，认为要精心布置。他常说：“作诗正如作杂剧，初时布置，临了须打诨。”这种追求让他的诗风奇崛清新，又自成一体。

江西诗派因他而生。这个流派重视文字推敲，强调推陈出新，影响了整个南宋诗坛。吕本中曾为江西诗派画下《江西诗社宗派图》，其中，黄庭坚是无可争议的核心。他的诗学思想，不仅是他个人的成就，更是一个时代的文学标杆。

黄庭坚从小就爱书法。他学王羲之的《兰亭序》，仿佛在一笔一画中追寻内心的平静。他的书法，既有苏轼的洒脱，又有他自己的风骨。他的行书开张大气，草书潇洒灵动，被称为“山谷体”。

黄庭坚的书法成就，并不仅仅在于技巧。他曾说，写字如做人，须以心意为主。他的草书，是“以意使笔”，既大开大合，又从容优雅。他的字中藏着一种力量，那是经历过岁月打磨后沉淀下来的坚韧与智慧。

黄庭坚的名字，从来不只是文学和书法的代名词。他的朋友苏轼曾这样评价他：“瑰伟之文，妙绝当世；孝友之行，追配古人。”这是他人格与才华的真实写照。

虽然黄庭坚的一生并不平坦，但他始终用诗书记录着自己的所思所感。他的文字如清泉，带着宋代独特的艺术气息；他的字迹如青松，挺立在中华文化的长河之中。

他的名字，叫作黄庭坚。

如果时光倒回，他是否还会站在那烽烟四起的宋朝长街？是否衣襟还会带着江南的潮湿，目光仍如北方的星辰般清亮？

也许会的。

回望他的一生，如果有人问他：如何评价自己的这一辈子。也许他只会轻轻放下一句：“我这一生，只想做一个大写的宋朝人。”

这话说得轻，那些听见的人却忍不住心生敬意，因为他们明白，一个大写的宋朝人意味着什么。

大宋的江山不是金戈铁马的传说，而是一幅用文与墨织成的画卷。

黄庭坚，便是这画卷的一笔浓墨。他生于书香之门，没有因家世而停下脚步，而是以笔为剑，以文为舟，划过风浪，留下诗文的辉光。他的一生，不是简单的朝堂沉浮，而是一场与内心、与天地的对话。

他在诗中寻找生命的答案，也在诗中回答时代的提问。

黄庭坚的诗，仿佛江河跌宕。他不是只写花月之事，也不是只歌功颂德，而是将生命的酸甜苦辣融进了纸张。他写母亲，写友人，写故土。他的一字一句，藏着深情，也藏着风骨。有人曾问："大宋人为何多情？"他笑而不语，或许因为大宋的多情，从来不是浅薄的风花雪月，而是刻在骨子里的担当与慈悲。

黄庭坚的生命没有惊天动地的波澜，却如涓涓细流，滋润着后世。他这一生，只想做一个大写的宋朝人。而这个愿望，他做到了。今天，当我们再次读起他的诗文时，那种风骨依旧在提醒着我们：一个人可以生于平凡，但必须活得有意义。

他的名字，叫作黄庭坚。

他是一个大写的宋朝人，而他的生命，早已超越了"黄庭坚"。

"桃李春风一杯酒，江湖夜雨十年灯。"

王安石

因为懂得苍生疾苦，

所以我这一生很孤独

题记

有人一出生，便注定负重前行，以一腔孤勇扛起风雨飘摇的山河；有人凡秉笔，便要洞穿古今，以千年未有之魄力奏响时代革新的强音。

他是王安石，少时即立经世济民之志，长成后更执意改革天下，虽仕途坎坷、毁誉纷纭，却始终心怀苍生冷暖。

他以一纸新法，谋天下之福祉；以一阕清词，诉人世之衷肠。纵然寂寞难耐，终未改初衷，千载回望，仍教人动容叹息。

(一)

你的名字，叫作王安石。

天禧五年(1021)十一月十三日，辰时，你在江南西路抚州临川县(今江西省抚州市)的一户人家呱呱坠地。你尚不知，这个世界正等着你去打开一扇新的门——那扇门的背后是人间疾苦与盛世格局，也是你将来用笔墨书写的一场大变革。

你的父亲王益是临江军的判官。人们常说，官衔或许只是头衔，但于你幼小的心灵而言，它成为一个辽阔舞台的钥匙，让你跟随着父亲的脚步，行走于不同的城池，耳濡目染感受各地民情。

在其他孩童还喜欢在泥土中翻滚嬉戏的年纪，你却能对着纸上的文字凝神端坐，似与远古的先贤隔空对话。那时，你常眯起眼睛细细品味那些典籍，母亲轻拍你背脊的温柔与烛火的微光交织，构成你记忆里最温暖的画面。

之后，你随父亲出行，辗转于临江、抚州的官道。一路上，你看见农田里的稻穗在风中摇晃，也看见街巷中疲惫的脚夫奔波不息。偶尔父亲皱紧眉头与你低声交谈：“孩子，你看这天下苍生，他们所需何在？”小小的你无法回答其中深意，却心生怜悯。那一刻，你在心底植下了关怀百姓的种子。

你在同龄人中逐渐崭露头角，每当有人称赞你的才情，你会谦虚地低下头，却挡不住眼中闪烁的光芒。

在庭院的竹林边，你时常伫立凝望；微风拂过竹叶，发出沙沙声，像是在替天地间的百姓述说着无尽叹息，也像是在回应你心中的沉思：“若有一日能身居庙堂，是否要用言行去惠及万民？”在这样的思绪里，你渐渐长大。

少年的你敏锐地感受到书卷之外的精彩，也看见了许多同伴从未思考过的社会图景。父亲每次带你归家，你都把耳闻目睹的小事记录在一卷素纸上：或是百姓流离，或是市井艰辛，或是人间温暖。时常有人看着瘦削的你，将信将疑地问：“如此稚龄，又怎能写下这般深刻的文章？”你只是轻轻扬起嘴角，答案在你清澈的双眼中。

你不知道自己往后的人生会掀起多大波澜，也不知道自己那些夜间伏案、手不释卷的日子终将会指引出怎样的改革之路。可你心中早已种下的那颗火热种子正在暗暗发芽，等待着恰好的雨露和时机，破土而出。

宋仁宗景祐四年（1037），你随父入京。京城的宫墙巍峨高耸，遮住了大半天空，但无法遮住你对学问的热情。也正是在这里，你与志同道合的曾巩相识。他带着惊喜的目光，将你的文章呈给名动天下的欧阳修品评。欧阳修沉吟多时，轻轻拍案，赞道：“此文矣，立意高远，笔锋雄健！”（《宋史·卷三百二十七·列传第八十六》：安石少好读书，一过目终身不忘。其属文动笔如飞，初若不经意，既成，见者皆服其精妙。友生曾巩携以示欧阳修，修为之延誉。）

时光流转，转眼到了庆历二年（1042）。已长成青年，身姿挺拔，眼中带着对未来的憧憬。开封的街头巷尾比往日更加热闹，你身披青布长衫，背负简单的行囊，行走在准备科考的人群中。此时的你，心中没有半分惶恐，也不曾有过丝毫懈怠。你清晰地记得父亲王益在二十二岁时考中进士，与你如今的年龄一般。这似乎是一种宿命的传承，也是一种血脉的召唤。

殿试那日，你手心略微湿润，却并不慌乱。偌大的考场里，灯火明灭，考官们神情肃然。你提笔写下“孺子其朋”等句，暗喻君王应亲近臣子，与百姓同心。这一句，既蕴含宏大的政治理想，也彰显你的直率与胆识。但谁知，这个无心之举却触碰了皇帝的逆鳞。

仁宗皇帝在翻阅卷面时沉吟，面露不悦：“小小年纪，竟胆敢支使朕？”

于是，命运的转折便出现在须臾之间。原本列于第一名的你，一夕之间，与状元失之交臂。取而代之者，乃是排在第四名的杨寘。他由此青云直上，而你则从第一跌落到第四。若换作旁人，只怕要抱怨不已，甚至颓丧失意，可你只是默然一笑。你将卷轴收起，心中想的却是：功名如浮云，而志向如山岳。若能以此激励自身于日后仕途上更笃行无惧，何尝不是机缘？

（二）

庆历六年（1046），你便被委任为淮南节度判官。那时，你满怀抱负，却并未对这份既得的官职流露过多欣喜，反而急于前往地方，去亲眼看看百姓的疾苦。

一到淮南，你便投身繁华市井之中体察。你走过泥泞巷道，翻过高耸堤坝，与挑担的小贩交谈，和耕地的农夫对坐。有人不解地问："新官人，你不嫌辛苦吗？"你笑而不答，只想尽快熟悉一切，以谋长远之策。

很快，你又被调往鄞县（今浙江省宁波市）任知县，时为庆历八年（1048），鄞县山水相依，美景连绵，却并未遮盖住底层百姓的穷困。在任四年里，你曾步行数百里，于十二天内走遍全县十四个乡镇。有时风雨交加，你仍坚持向最偏远的村落前行。层峦叠嶂里，你用脚步丈量民生，用笔墨记录疾苦。

"若百姓连温饱都难保，何谈富国强兵？"你在县衙的案桌上伏案疾书，不住思量。夜深灯明，阁外一盏孤灯映着你略显疲惫的神情。那些踏访民间时看到的病恹老者、破屋寒舍，都在你脑海里挥之不去。**于是，你着手减赋税、修水利、扩办学校，将心中"以民为本"的理念付诸实践。**有人惊叹："这是年轻官吏少有的魄力。"也有人暗暗嘲讽："初生牛犊，不知官道多险。"可你依旧秉持初心，甚至写下"一民之生重天下，君子忍与争秋毫"这样的诗句，字里行间如同金石，撞击着官场陈弊。

在鄞县任职结束后，你回乡省亲。途经杭州时，见飞来峰险峻陡立，雄奇非常。你不顾疲劳，在峰上倚栏远望，万里云海翻涌，于是写下了那首气势磅礴的《登飞来峰》：

登飞来峰

飞来峰上千寻塔，闻说鸡鸣见日升。

不畏浮云遮望眼，自缘身在最高层。

这是你的内心写照：纵然浮云万千，也挡不住你要去看更高远的天地。

时值庆历六年（1046），你任期已满，有机会参加京中的考试选拔，从而跻身朝堂要职。对许多地方官来说，这是鲤鱼跃龙门的良机。你却毅然放弃了。周围的人困惑不已，甚至朝廷也连连下敕牒，催促你回京。你却以"欲在地方实地为民办事"为由，一再婉拒。最终，迫于皇命，你只得进京，却仍因祖母年迈、家境不宽而推辞实职。你说："臣祖母年老，先臣未葬，弟妹当嫁，家贫口众，难住京师。"那一刻，京师的繁华和前途，对你而言似浮云般轻飘。

朝廷原本不想放过你这般难得的人才，想要破格提拔，却屡遭你拒绝。欧阳修，一代文坛巨擘，主动邀请你到府上喝茶。他的话语温润如风，他说：“我观你才思不凡，何苦屈居地方？若留京城，可为更多百姓效力呀。”听着这番话，你一时无言，神情闪过迟疑。其实，你对欧阳修向来仰慕已久，敬重他学问卓绝、为人谦和。最终，你松了口，答应留任朝中一职——群牧判官。

在群牧司期间（1050—1052），你管理官马，为公家供马、训练与调遣。这并非显赫职位，却也让你有更多机会了解整个国家的物资供需、民生底层。一连两年，你数次上奏折，申请外放。朝廷终究拗不过你，只得将你派往常州出任知州。临行前，一位同僚忍不住问：“你何苦一次次放弃唾手可得的荣耀？”你莞尔一笑：“我愿脚踩大地，双眼看民生，方得心安。”

常州任上，你与周敦颐相识相知。那是个春日午后，你们于郊外翠柳之下相逢，促膝长谈。从国家大计到自然之理，从人心微妙到道德修养，你们无所不言。每每提及百姓的困苦，你的目光便凝结成一簇火焰。有人说：“王安石心中似有千重山，郁郁不得平。”也正是这份郁郁，让你的政声日渐传扬。

你再次写下了关于穷苦百姓的奏章，提出“发富民之藏，以救贫民之急”。既然世界上并不缺资源，只在分配不均，不如先行向那些富户收购多余粮谷，再于饥荒时惠及贫民。这种想法既务实又大胆，朝廷里对你褒贬不一。可你并未退缩，依旧坚持自己的见解。

时光如白驹过隙，你的足迹跨越了一个又一个州县。你没被显赫官衔束缚，也没被世俗诱惑迷失。你总说：“若不亲临风雨，又岂知苍生冷暖？”

嘉祐三年（1058），那一年的初夏，京城的天空仿佛罩着一层沉沉的薄雾，似暗示着北宋王朝外表繁华下潜藏的诸多隐患。你站在登闻鼓院前，抬头望着巍峨的宫阙，心中却不由浮现这几年在各州县奔走时看到的民间疾苦：土地撂荒、民生艰难、边境动荡。你轻轻闭上眼睛，将所有所见所感凝聚成一篇万言奏疏，名为《上仁宗皇帝言事书》。

那是你多年来沉潜思考所得的结晶，也是你在地方官任上用双脚丈量出来的事实。你的笔锋如同淬火长剑，一字一句皆指向国家积弱积贫的现实：经济拮据、风气衰败、国防不稳。“若要扭转此等颓势，唯有重整法度。”这是你给自己的答案。宫廷内外，人们都在猜测你此番建言究竟能否动摇仁宗皇帝的心意。

递呈奏疏的那一刻，你在午门前只觉夏日的热浪涌上面庞。日头酷烈，却比不上你心中的一腔炽热理想。有人惊叹万言之篇如此大胆，也有人认为你会招致祸患。但你只是轻轻一笑，认为“时然众然，众人也；已然而然，君子也”（《送孙正之序》）。

这句傲然之言在紫宸殿内外回荡，像一只尖啸的孤鹤，引发了朝堂上下无尽的议论。

然而，万言书呈交后，你却迟迟未得回音。仁宗皇帝是一个宽厚仁慈的君主，他并未指责你放肆狂妄，却也没有采纳你的建议。朝堂中有位官员私下议论：“王安石放着亨通官运不走，偏要犯众怒，这不是自寻死路吗？”你听闻此言时，脸上没有丝毫波动，眼底却闪着倔强的光。那一刻，你仿佛看到厚重宫墙后，那位仁慈的帝王面对层层旧制的踌躇与无奈。

自此，你多次婉拒朝廷任你入馆阁的诏令。许多人不理解，甚至发出惋惜之言：“这等人才，为何不愿在高位辅政？”你在家中，面对含着期待目光的家人，只缓缓摇头：当一个人心中有拯救天下的夙愿时，他反倒不愿沽名钓誉，也不愿受掣肘于高墙之内。

朝廷见你屡辞不就，便以《起居注》的修撰之职相邀；你推辞多番，只得勉强接受。待你再度进入皇城，才发现旁人看你的眼神多了几分敬畏。有人向你投来钦佩的目光，也有人暗自疏远，或冷嘲热讽。你心中坦然：只要能为天下社稷出力，身处何位又何妨？不久，你又被任为直集贤院、知制诰，开始审理京城重大案件。朝中士大夫都盛传：“王安石再升半级，便是真正有了话语权。”

可你没有停歇，趁着新职尚未根深蒂固时，再次上书——这回，你写下《上时政书》。比起三年前的万言书，此番言语更为尖锐，你引晋武帝司马炎、梁武帝萧衍、唐玄宗李隆基等历史教训，意在告诫仁宗：不可贪图逸乐，忽视民瘼，否则难逃积弱积贫之厄运。有人慨叹：“如此激昂之词，只怕又要触怒圣上。”然而仁宗依旧宽容，既不采纳，也不追究。你看到天子那似有疑虑却又难下决断的神情，只能在心中感叹：仁慈之余，尚缺一份革新魄力。

那时，你站在昼夜不熄的皇城宫灯下，望着檐角微微摇晃的灯火，心中思潮起伏：若不改革，此国又如何持久？若要改革，又何时能得到皇帝支持？站在宫墙之内，你却更怀念当年在地方官署面对泥泞田垄、与百姓促膝长谈的日子——因为那时的你，能着手解决实际困难，而非被束缚在重重仪制与争议之中。

你的名字，叫作王安石。

如今，你名动朝野，但众说纷纭。有人视你为奋起拨乱之人，也有人讥你为颠覆礼法之徒。可你知道，你的心仍似火种，藏在黑暗之中，等待有朝一日，燎原天下。

（三）

嘉祐八年（1063），你四十三岁，正守在江宁府母亲的灵堂前。白幡飘扬，竹木萧瑟，平添几分悲凉气息。夜深之时，风过窗棂，你手中攥着母亲早年间的遗物，回想自己这些年来奔波于政坛与民间，未能好好陪伴在母亲身边，心中不免多了几分愧疚。英宗即位后屡屡召你入朝，你却以母丧在身、身体抱恙为由屡屡推辞。（《宋史·卷三百二十七·列传第八十六》中载："以母忧去，终英宗世，召不起。"）

萧瑟的秋雨敲打着屋檐，似乎，也在诉说你内心的失落和茫然：前路茫茫，国政日渐腐败，你手中虽有一腔改革热血，却无处施展。

在江宁的这些日子里，你著书立说，聚学于堂，广收门徒：陆佃、龚原、蔡卞、李定……他们都是仰慕你的学问与为人而来。你笑容温润，常以"一文不值的空谈无益，只有深入实际才能得真知"来勉励他们。弟子们或在庭院研读，或随你巡访市集，倾听你对民生的忧思。

江宁的晨曦微亮时，你常常带着学生们攀上城外的山岗，指点朝阳跃出云海的雄壮景象；入夜后，你则点起孤灯，给他们讲述你在各地视察、与贫民交谈的经历。年少者眼神中闪烁向往，望着你身上那份执着与孤勇。

英宗在位的短短几年里，朝廷三次来信征召，你三次回信辞谢。有人摇头叹息，认为你不过是故作清高；也有人赞赏你的笃定品格。但不管旁人如何议论，你只静静在厅前端坐，闭目冥想，似乎在权衡：当朝之局已不容乐观，自己该如何找准时机，再次以变革之愿抚平世道？

治平四年（1067），宋神宗登基。他自少年起便留意你的文章，尤对那两篇奏疏，亦即《上仁宗皇帝言事书》和《上时政书》十分喜爱，曾再三阅读。此刻，这位年轻君主在波谲云诡的朝堂上迫切想找到一条摆脱困境的出路，终下定决心：起用你为江宁知府，随后火速下诏召你入朝为翰林学士兼侍讲。

你深知，这不仅是一次荣耀任命，更是一场命运的召唤。明眼人皆看得出，朝堂上下暮气沉沉，犹如一潭深水，急需一块巨石投下，改革陈弊，激起波澜。

熙宁元年（1068）四月，神宗召见了你。那日，宫殿前广场的石阶在日光下犹如白玉般闪烁，守卫戎装整肃，显露新帝的锐意。你走上台阶，身姿笔直，思绪却回到了当初执笔万言疏的场景。

神宗在殿内沉静地聆听你的见解，你开口便如洪钟：“治国之道，革新为先。务必简法度、去浮华、效尧舜之治。”言辞铿锵，殿内群臣似被这股气势所惊，彼此交头接耳。

神宗点头称是，在龙椅上目露赞许："爱卿所言正合朕意。朕愿与卿并力，更始天下。"

你随即上呈《本朝百年无事札子》，言明国势沉疴已久，须大有为于今日。神宗看罢，心意更为坚定，朝堂自此风起云涌。

熙宁变法的大幕正式拉开，注定要在大宋的史册上写下浓墨重彩的一笔。

熙宁二年（1069），你四十八岁，正站在大宋朝堂的中央。初夏的阳光透过殿窗洒在光洁的地面上，照得你绯色官袍微微泛光。那日，神宗再度晋升你为参知政事，将制置三司条例司的重担也交付于你。君臣二人凝视对方，仿佛心意相通：若要重振大宋国势，势必要展开一场前所未有的改革。你在心底默念："改变风俗，确立法度。"

时序流转，不过一年光景，你已跻身同中书门下平章事，正式拜相，掌握了制衡天下的权柄。依照你一贯的作风，首要之举便是在全国推行新法。均输法、青苗法、市易法、免役法、方田均税法、农田水利法……一项项法令如同一把把锋利的手术刀，直指盘根错节的旧疾。大理寺前，历经风雨的石狮似乎也感受到改革的烈焰。暮鼓晨钟之间，你奔走于议事堂，面容疲惫却双目炯炯，恨不得日夜兼程将新法遍行天下。

朝堂上，年迈的老臣们皱着眉头，或暗自冷笑，或公开质疑，而神宗则坚定地站在你这边，凡有反对新法者，轻则被降职，重则遣散出朝。你与神宗正如历史长河里少见的"最佳拍档"。

改革初见成效，朝廷的资财有所宽裕，保甲法、置将法则让军队重获活力。这时，西夏再度挑衅边境，你进言调兵遣将，最终赢得了一场河湟大捷，收复失地，拓疆数千里。

捷报传来时，奉旨进谒的捷报将领衣襟还沾着沙尘，你与神宗相视一笑，分明看见对方眼中那团炽热的火。神宗当即褪下自己腰间的玉带，郑重地赐予你，算作嘉奖。大殿外，群臣投来或艳羡或敬佩的目光。你心中却涌起更宏大的抱负：既然已得势，何不一举击溃西夏，断其后患？

可神宗终究心有顾虑。你上奏“乘胜追击，彻底歼灭西夏”，他却迟疑不决，担忧连年征战可能引发的内乱。你几次上奏，言辞愈发急切，神宗却挥手让你暂且搁置此议。

每当深夜辗转难眠，你似乎还能听见前线士卒的呐喊，以及那迟迟无法兑现的战后盛世愿景。

无论朝廷如何努力前行，保守派也未曾闲着。韩琦、欧阳修、文彦博等前朝元老们纷纷抨击你：“新法损害士大夫利益，撼动基业！”他们倒也没有藏着掖着，直言不讳地宣称，这天下是皇帝与士大夫们的天下，岂能顾及百姓太多？

你心中生出一阵寒意，几度在朝会上当面力争，但难以撼动那道根深蒂固的利益之墙。

面对不断涌现的弹劾，你只冷眼相视。吕诲、韩琦、司马光、程颢等人递交奏章，或指责新法施行过程中过于苛急，或痛陈朝堂遍是小人。你并不回避这些争议，甚至在信中与司马光针锋相对，一一驳斥旧制的不堪之处。

你从不收敛自己的锋芒，只因为你坚信，这场变革既是富国强兵之道，也是重铸天下秩序的必经之途。

在外人看来，你或许近乎执拗：不爱财，不好色，出门也不坐轿。有人嘲笑你死板，有人则暗暗敬佩你一身清廉。每每从朝堂回到府邸，你疲惫地坐在暗黄的烛光里，双目微阖，回想当初提出改革的初心——那是你在地方奔波多年，看见民间疾苦的痛心，也是你对乱世中苍生的深切怜悯。

随着变法的深入推行，保守派的抵制愈演愈烈，他们甚至散播各种流言，煽动不明真相的百姓围堵相府。京城一度陷入喧嚣，宫闱之中，神宗亦为各方压力焦头烂额。

然而，在世人眼里，你仍然是变法的核心。反对派将“三不足”——“天变不足畏，祖宗不足法，人言不足恤”冠在你头上，意在宣扬你目无法度、蔑视传统，试图挑起皇帝和朝臣对你的怀疑。

可你深知，这“天变不足畏”不过是你对社会变革的胆识；“祖宗不足法”不过是你对旧制弊端的洞见；“人言不足恤”不过是你对舆论杂声的超然。

在这场声势浩大的斗争中，反对派在政坛上难以撼动你的地位，便“另辟蹊径”，盯上了你的个人形象。

他们几乎将你形容成“不食人间烟火”的怪人：称你蓬头垢面、衣冠不整、臭气熏天，从不注意仪容。御史们联名上书，口口声声指责你“有失体统”。一时间，流言如潮水般涌向京城的大街小巷。

你对此不以为意，只是淡淡一笑，抬头继续与你的同僚商讨各条新法的修订细则。夜深人静回到府邸，你依旧会就着昏黄油灯批阅公文，揉几下酸痛的肩膀，暗暗思忖：若能让千千万万的黎民摆脱贫困，这点个人名声又何足挂齿？

偶尔也会有亲近之人低声提醒：“需不需要整理一下衣发？反对派最爱拿此事做文章。”你微蹙眉头，随后又释然：“让他们做去。我有我的事要做。”语气虽平淡，却掷地有声，仿佛一杆不折之矛。

这些流言，不仅没能动摇你的决心，反倒让更多人看清了你那“一心为公、两袖清风”的真性情。

世间若浮华缭绕，你宁愿独自不修边幅；朝堂若腐朽顽固，你便决意劈开暗障。

（四）

熙宁七年（1074），你已年过半百，漫长的变法之路已在风雨飘摇中行进数年。那一年，春旱侵袭大地，黄土龟裂，河道干涸，饥民在困苦中流离失所。你在批阅公文时，不时地抬头望向窗外，恍惚间，仿佛能听见草木枯萎的呻吟。大宋的天，似乎也沉重地压在你心头。

朝堂之上，原本就对新法抱有成见的保守派抓住天灾之机，对新法肆意攻击。各种危言耸听的谏书接连递上龙案，奏疏里纷纷指责“免行钱”“青苗法”之害，逼迫神宗废止新法，停止变革。曾经坚决支持你的年轻帝王，此刻也是愁容满面：一面是满朝老臣同声反对，另一面是祖母与母亲、妻子三代皇后在后宫声泪俱下，哭诉“王安石乱天下”。神宗毕竟只有二十多岁，无法在漫天的非议和亲人的哭诉中泰然处之。

你看在眼里，忧在心头，生怕神宗会因内外夹攻而放弃改革。但同样，你深知神宗孤立无援的困境。某日清晨，你匆匆拜谒神宗时，见他疲惫地倚在御座上，目光中透露着动摇。你站在殿下，小心翼翼地开口：“陛下，天灾不能尽归咎于法度。纵使昔日尧舜，也无法保天下无旱。此时若能及时救济，或可稳住民心。”神宗听罢，沉默良久，终是微微点头，却没有昔日的坚定果决。

不久之后，监安上门郑侠呈上一幅流民旱灾困苦图，力陈新法之害，并进言要神宗罢免你这位当朝宰相。朝堂立时爆发激烈动荡，一片呼喧之声淹没了你的辩驳。四月，曹太皇太后、高太后再次含泪劝谏神宗“王安石乱天下”。接连的刺痛终于让神宗心生动摇，他降下圣旨，罢免你的宰相之职，给你一个“观文殿大学士、知江宁府”的虚衔，甚至连吏部尚书的任命都是一步越了九级，显得突兀而仓促。

这看似是对你的“降罪”，也像是在向保守势力妥协。

你离开汴京时，曾向神宗推荐吕惠卿出任参知政事，指望他能贯彻你的理念，又提出让韩绛接替自己支撑大局。可是离别不久，你便听闻吕惠卿在朝中权势渐旺，开始排斥你的心腹，陷害你的弟弟王安国。只因忧心变法的根基遭受侵蚀，韩绛秘密上奏，要求神宗重新召回你。

熙宁八年（1075）二月，神宗承受不住朝局动荡，再次拜你为相。京城百姓多有欢呼，期望你能力挽狂澜，重振新法。可经历这一轮沉浮后，你发现人事已变：变法派内部利益纠葛，互相猜忌，吕惠卿也被外放陈州。你独自坐在曾经熟悉的政事堂，抬头看见檐角的老旧瓦饰，暗自苦笑：自己似乎又回到了原点，却少了往昔的踌躇满志。

熙宁九年（1076），老臣新贵对你的排挤日益明显，改革声浪渐渐式微。时逢长子王雱骤然病故，你悲痛欲绝。你目中含泪，却强自支撑着站在朝堂，向神宗递交辞表。你说："臣年事已高，实难堪重负，更逢丧子之痛，望陛下允辞。"

那一日，京城阴云密布，似也为你的哀伤而变得昏暗。神宗虽有不舍，但终究批准了你的请求。就这样，你辞去宰相之职，外调为镇南军节度使、同平章事、判江宁府。

是年深秋，你再次辞别了朝堂。带着满怀的悲伤与无奈，再次离开政治旋涡的中心。

其实，这并不是你与神宗的第一次"相互折腾"。每一次你坚决辞相，神宗都一再挽留；而当他勉强应允，你那与生俱来的责任感又让他始终放心不下。是故，这般君臣关系于史书中并不常见，既是深厚友谊的证明，也是彼此最深的牵绊。

你坐在临行的车舆里，思绪万千：多年来，你以惊人的魄力和学识导演了一场波澜壮阔的大变法，为神宗创造出了富国强兵的契机；神宗也曾为你顶住满朝反对的风雨，为你搭建了一个施展抱负的舞台。如今，你们都已经筋疲力尽，不得不暂时散场。

车队一路向南，江宁城（今南京市）在秋日残阳的映照下已然在望。父亲辞世便埋骨于此，青年时期你也在这座城里度过数载光阴。金陵之地，在你的心底，早已不仅是故乡般的栖息之所，更是寄托了你无限缅怀与憧憬的精神港湾。

抵达江宁后，你并未急着进城，而是在白塘附近选了一块僻静之地，命人开渠、泄水、培土、造屋。因其离城东门和钟山山峰各半途，故名曰“半山园”。年近花甲的你褪下宰相官袍，换上素净长衫，站在半山园前，心中顿觉海阔天空。是厌倦权力的纷扰，抑或只想离群索居？或许，更多是对回归清净、自由呼吸山林清风的渴望。正如你在《雨过偶书》中所写：“谁似浮云知进退，才成霖雨便归山。”

雨过偶书

霈然甘泽洗尘寰，南亩东郊共慰颜。
地望岁功还物外，天将生意与人间。
霁分星斗风雷静，凉入轩窗枕簟闲。
谁似浮云知进退，才成霖雨便归山。

你一直都能用自己最刚毅的姿态为国为民，也能在适当时机急流勇退。远离庙堂后，你却并未远离思考，闲时游园赋诗，与苏轼、米芾、李公麟等名士相聚，纵论天下兴亡，品评书画佳作。偶尔你也念起神宗当初的知遇之恩，提笔写下“伊吕两衰翁，历遍穷通。一为钓叟一耕佣……”的慷慨之句，怀念那段君臣合力、风虎云龙的岁月。

浪淘沙令

伊吕两衰翁，历遍穷通。一为钓叟一耕佣。若使当时身不遇，老了英雄。

汤武偶相逢，风虎云龙。兴亡只在谈笑中。直至如今千载后，谁与争功！

在半山园中，你安然地过起闲云野鹤般的田园生活。春日，紫藤花影下，你会与友人对饮，不禁想起朝堂上波诡云谲的日子；秋夜，落叶萧瑟，你独自吟诵写就的《桂枝香 · 金陵怀古》，“千里澄江似练，翠峰如簇”的句子在夜色中回荡，仿佛替你诉说着对昔日繁华的缅怀和对人生盛衰的慨叹。

桂枝香·金陵怀古

登临送目，正故国晚秋，天气初肃。千里澄江似练，翠峰如簇。归帆去棹残阳里，背西风，酒旗斜矗。彩舟云淡，星河鹭起，画图难足。

念往昔，繁华竞逐，叹门外楼头，悲恨相续。千古凭高对此，谩嗟荣辱。六朝旧事随流水，但寒烟衰草凝绿。至今商女，时时犹唱，后庭遗曲。

人有悲欢离合，朝堂亦有盛衰更替，然而金陵的山水从未变过，倒映着你内心的潮起潮落。

或有闲暇，你便于园中种梅，欣赏那傲雪迎霜的绰约风姿，你将梅花凛冽高洁的气质视作自我写照：历经寒冬孤霜，却始终坚守初心。

梅花

墙角数枝梅，凌寒独自开。

遥知不是雪，为有暗香来。

有人曾讥笑你辞相归隐是失败，你却淡然回应：且让他人去争论成败。于你而言，国之兴衰固为己任，但当风雨过尽，做回那悠然自得的山林人，亦无不可。

二次罢相之后，朝堂上终于少了你的身影，反对派似乎终于松了一口气。他们以为只要将你这位“拗相公”赶出京师，废除新法便指日可待。然而他们并未料到，你与神宗默契犹存，朝政大权仍牢牢掌握在变法派手里。

元丰二年(1079)，你已五十九岁，守着金陵半山园的闲云野鹤之乐，却也时刻关注着远在汴京的新政走向。那一年，变法已经推行十载。尽管过程中或多或少遇到波折，但在神宗的坚定支持下，改革并未因你的远去而终结。

朝廷财政收入激增，新的府库一座座建起，足足有五十多处。听闻此间喜讯，你又想起多年前写下的那首《元日》。

元日

爆竹声中一岁除，春风送暖入屠苏。

千门万户曈曈日，总把新桃换旧符。

于是，正值新春，鞭炮声在半山园的翠竹间此起彼伏。你坐在堂前，抚弄笔墨，一旁的儿孙在欢声笑语里跑闹。有人质疑朝廷多收银钱是“与民争利”，你却莞尔一笑：“那些特权阶层才是真正的乱源啊。”你的目光穿过薄雾，看向北方。

时光翻过数载，元丰七年（1084），你六十四岁。忽然一场大病缠身，让你久久卧床不起。半山园里，清晨的薄雾卷着露珠，夜晚的凉风带着虫鸣。恍惚间，你似又梦回汴京，那鼎沸的人声，那群臣的喧嚣，那被众论交织推搡的神宗……病榻前，家人神色焦急，神宗也派遣御医赶来为你诊治。好在你渐渐转危为安，却也对世事看得更加超脱。

你认真思考着人世变迁，终于在病好后上书神宗，请求将自己的宅邸改建成寺庙，“报宁寺”便由此而生。神宗恩准后御赐匾额，一座青瓦红墙的小寺静静立于半山园近旁。

你伫立于寺门外，微风吹拂衣袂，恍见昔年自己意气风发、在朝中指点江山的模样。终究，尘世纷扰缓缓走远，青石台阶和檐角风铃取而代之。寺院香烟缭绕时，你偶尔还会与挚友促膝长谈，追忆那段火热却艰险的改革岁月。

有人慨叹：“若非你之力推新法，神宗又如何能令北宋国力渐盛？”

你只轻轻叹道：“一切皆合天时地利与人和，我不过因势而为罢了。”

此时，你已功成名就，半山园里春花秋月，四季不曾虚度。偶尔你也会笑谈，自己虽然似浮云般隐退，但心中的期望仍寄托在神宗身上。正如那年写《元日》时，你收笔后默默祝愿：愿这片江山因变法而更加强盛，愿百姓因此不再饱受贫困之苦。

元丰八年（1085），你六十五岁。本是晚年松竹相伴、安享静谧之时，然而，命运再次翻涌波澜——神宗忽然撒手人寰，继任者哲宗尚年幼，由高太后垂帘听政。高太后素来厌恶新法，朝堂风向骤变，保守派卷土重来。这一消息令你在半山园中怔然许久。曾几何时你与神宗共推改革，如今却连那位支持你变法的君主也骤然辞世，只留下未竟之志。

消息传来时，江宁城的天空笼罩着阴沉的灰，似乎预兆着北宋政局的黯然走向。你拄着拐杖，在园中凝望着远方的钟山，久久无语。岁月在你鬓间刻下了沧桑，那雄心万丈的过往恍若隔世。有友人不忍见你悲容，劝说道："介甫啊，凡事不必强求，既已归隐，何不放下？"你看着窗外斑驳的光影，只默然叹了口气，心底却难抑阵阵隐痛：自己所付出的十余年心血，终究敌不过权力更迭的无情。

数月之后，高太后重用司马光为相，推行"元祐更化"，恢复旧制，彻底废除你与神宗多年苦心经营的诸多新法。有人将之称为"以母改子"，朝堂上得意扬扬的保守官僚甚至想将河湟之地拱手还予西夏。你坐在半山园阴凉的回廊下，忽听传报"免役法也尽废矣"。你惊得手中茶盏险些滑落地面，那一刻，你似乎看到了无数贫苦百姓失去庇护，再次陷入烦苛劳役之苦。

冬寒渐深，你的身体愈发孱弱，每日除却接待零星来访的朝堂旧友，便独自坐于窗前发怔。深夜中，你不时回想年轻的神宗眼中燃烧的火焰，也记起那年在朝堂上舌战群臣的场景。现在,那一切似在风中消散无痕。窗外的冷风呼啸穿过竹林，带着微雨拍打青石阶，仿佛替你诉说未竟的遗憾。

元祐元年四月初六（公元 1086 年 5 月 21 日），细雨霏霏，凝重的乌云压低了金陵的天空。你在自己的卧榻上，透过门缝望见旧日里种下的梅树，满树青枝却不见花开。那一刻，深重的郁结终让你轻轻阖上双眼，永别人世。这一年，你六十六岁。从此，半山园失去了赋予它灵魂的主人，而你曾创立的新法也被乱世尘封在历史的阴影中。

似乎上天也在为你送行，那一天，山峦之间雨声淅沥不绝，宛如垂泪。你的家人依你遗愿，将你安葬在钟山脚下，与父亲同眠。那些哀悼者口中默念“王安石”的名字时，追忆的是你为大宋流下的汗水和热血，感慨的是你和神宗曾并肩换来的一度盛世繁华，嗟叹的是无常之下变法终归难抵旧势力反扑。

至此，你已与尘世诀别，留下一连串壮志未酬的叹息。但你的改革之火，曾照亮北宋的天空；你的傲岸风骨，也在百年之后依旧让人低回神伤。那一场风雨，自此化为跌宕的历史乐章，任凭后世评说。而你，长眠于钟山浓荫下，化作林间一缕过往轻烟。

一口气概述

他的名字，叫作王安石。

他站在北宋的舞台中央，举目四望时看到的，是“积贫积弱”带来的整座大厦欲倾之势。为了让国家焕发生机，他坚定地以“富国强兵”为目标，推动了一场席卷内政与军事的宏大变法。前后十五年间，新法的推行虽屡遭波折，但不可否认的是，其在经济、军事方面取得的成效十分显著。

在经济层面，他以一系列理财措施为突破口，使朝廷告别了财政枯竭的窘境。“青苗法”替代了本属豪门大户的高利贷，从源头上对高利盘剥行为进行了遏制；“市易法”则让原先被大商人垄断的商业利润有一部分回流到国家手中；“方田均税法”纠正了官僚、豪强漏税瞒税的灰色地带，将公平税负的理念付诸实践；“免役法”在减轻农民负担的同时，也为国家积累了更多可用之力。

借着这几项利民利国的新法，政府的财政收入大幅增长，国库储备多到可以支撑二十年开支，不仅惠及百姓，也极大增强了对外防御与对内弹压的能力。王安石心中的“富国”目标，在这一阶段得到了有力地印证。

与此同时，“强兵”的理想也在他的规划下得以实施。“保甲法”

重新规划了全国的安保体系，让农户成为农村的最小防御单元，不仅节省了大量军费支出，也让普通百姓得以参与保卫家园；“保马法”让国有马匹在数量与质量上实现了双提升；“军器监法”提升了兵器的质量与产量；而“将兵法”与“裁兵法”则进一步强化了军纪和兵将配合，令北宋军队的凝聚力前所未有地提高。

通过这些措施,北宋得以扭转过去屡战屡败的局面,一举收复了河、洮、岷等两万平方千米的失地，完成了堪称史无前例的“熙河开边”。那场大捷，王安石让世人看到了“积弱”并非无可挽回：只要方法得当，朝廷足能聚敛力量，鼓舞士气，建立起国防长城。

19世纪,欧洲汉学家注意到王安石政策中的“国家资本主义”特征，这种超前性使其在20世纪被梁启超等维新派重新发现，成为近代改革的思想资源。而司马光在《与王介甫书》中质问“侵官乱政”与王安石“矫世变俗”的辩难，本质是程序正义与实质正义的争论。

王安石实施的经济改革包括三项。①青苗法：政府低息贷款给农民，抑制高利贷盘剥，但执行中强制摊派，加重了农民的负担。②募役法：纳钱代役（即免役），解放劳动力，但加重了中小地主的负担。③市易法：政府调控市场物价，打击垄断，但官僚资本介入导致市场混乱。

王安石实施的军事改革包括两项。①保甲法：民兵制度强化基层防御，但训练不足，实际效果有限。②将兵法：职业化军队改革，提升战斗力，但触犯了武将的利益。

在教育与科举方面，他改革科举制度，注重经世致用，削弱诗赋地位；设立“三舍法”培养实用人才。

在文学与文化上，他又为宋代的“诗文革新运动”写下了浓墨重彩的一笔。他始终认为，“文以载道”——文章与政治使命应紧紧相系。其散文针砭时弊、阐明政见，无论长篇还是短论，都能逻辑清晰、气势纵横；在短文中，他更讲求精练，笔锋峻急，“瘦硬通神”的独特风格尤其令人印象深刻。

王安石的诗文虽然常涉议论与说理，但他并非闭门空谈，而是透过对现实问题的深刻观察与思考，把文字化为思想，将思想付诸行动。他晚年的诗篇则多抒写山水闲情，带着超脱与沉郁，形成了与早期政治诗相映生辉的艺术境界。

从对豪强特权的遏制到对军事体制的重塑，从经济繁荣到文化推进，王安石的改革与创作皆向历史证明了他“崇道济世”的胸襟与敢为人先的抱负。诚然，新法在实践中也出现过这样或那样的问题，甚至最终受到顽固势力的打击，未能彻底巩固。然而，在它推行的那段时间里，北宋财政和国力一度攀上了无法忽视的新高峰，边防格局也获得了大幅改善。这样的成果，让人们不得不承认，王安石带给这片土地的改变和影响，是具有划时代意义的。

他一生的抱负浓缩在无数的政论与诗篇中。有人批评他的诗文过于瘦硬，但不可否认，那些峻峭文字背后，正是他切中时弊的眼光和欲为百姓牟利的热血。**若一个人心中怀揣“富国强兵”之志，文字便不再是文字，而成为改革洪流中的时代号角。**

纵然历经盛衰荣辱，但在人们心中，他总是一位愿意为破局出力的人，一位用笔墨与行动描绘雕刻大宋繁荣画卷的改革者。

他的名字，叫作王安石。

他像一团在北宋历史褶皱里燃烧的火焰，既照亮了汴梁城的砖瓦，也灼伤着大宋官僚体系的袍袖。

王安石这个人，让我想到独自推石上山的西西弗斯。他举着“天变不足畏，祖宗不足法，人言不足恤”的旗帜冲向体制铁幕时，汴京城的茶楼里正飘着对“拗相公”的讥讽。青苗法像是他亲手锻造的手术刀，要切开土地兼并的毒瘤，却在执刀时被层层叠叠的官僚血管缠住了手腕。

这个江西临川的书生，在奏折里写“因天下之力以生天下之财”，眼睛里倒映的分明是《周礼》描绘的伟大的理想国。但当他真的站到变法司的案头，发现要对抗的不是某个奸臣，而是整个士大夫阶层赖以生存的游戏规则。

均输法动了漕运衙门的奶酪，市易法戳破了豪商的算盘，连他引以为傲的免役法，都让习惯了特权的地方胥吏跳脚。

最讽刺的是，那些骂他“祸国”的保守派，用的恰恰是王安石亲自培养的新学门生。司马光在洛阳写《资治通鉴》时，或许会对着烛火苦笑：当年那个在扬州任上彻夜读书的倔强青年，那个亦师亦友的同僚，怎么就成了撕裂时代的狂风了呢？

我们看他的《梅花》“墙角数枝梅，凌寒独自开”，倒像是给自己写的一样。

变法失败后回到江宁的半山园里，这个曾让皇帝称“师臣”的拗相公，每天骑着毛驴去钟山礼佛，袍袖里还揣着未完成的残稿。死亡来临时，据说他仍在修改给神宗的《万言书》——当然，这个细节我也不知真假，但的确像他偏执的注脚。

千年后，梁启超说他是“三代以下唯一完人”，列宁在克里姆林宫称其为“中国 11 世纪的改革家”。但我觉得他更像是历史长河里的堂吉诃德，举着理想主义的长枪冲向风车，一往无前。

千年后的回望，王安石变法像一面青铜镜，照见所有后发国家现代化进程中的永恒命题：如何在文化传统与制度创新之间寻找接榫点？如何处理国家理性与社会自治的边界？而现代人读《答司马谏议书》里“人习于苟且非一日，士大夫多以不恤国事、同俗自媚于众为善（翻译：人们习惯于得过且过已经不是一天两天了，士大夫们大多把不关心国家大事、附和世俗、向众人献媚讨好当作美德）”的怒斥时，或许会在某些深夜惊觉：我们仍在重复熙宁年间那场未尽的辩论。

当他的铜像在南京市半山园沉默矗立时，那些缠绕在石阶上的青藤，仿佛仍在生长着关于改革与守成、理想与现实、人性与制度的永恒诘问。也许，这就是他伟大的地方。

当我们在现代会议室里讨论“顶层设计”时，是否也在重演九百年前半山堂里的困境？那个坚持“天变不足畏”的诗人，究竟是被时代辜负的“先知”，还是被理想蒙蔽的“狂人”？

这个问题，或许要等到历史的长河激荡奔涌，千帆过尽，蓦然回望之时，才看得更清楚吧。

王昌龄

我被称为『诗家夫子』，
却过着颠沛流离的一生

题记

有人以诗为剑，斩尽人间不平；有人以梦为马，驰骋塞外烟尘。

盛唐诗坛，王昌龄横空出世，凭七绝诗章开万里雄风。他少负才名，却仕途坎坷，屡遭贬谪，然一支如椽之笔却从未染尘。

他用“大漠风尘日色昏”诉尽边关壮烈；用“秦时明月汉时关”写透家国离愁。千年风雨飘零，他的诗，仍如明月清辉，照彻世间豪情与哀愁。

（一）

你的名字，叫作王昌龄。

圣历元年（698），京师长安。你呱呱坠地，你是个农二代，家境贫寒，几乎与世界的繁华和荣光隔绝，命运似乎从一开始就给你了一个沉重的脚镣。但谁又能知道，那一颗深藏在泥土中的种子，终会生长成怎样一棵枝繁叶茂的树木？你的青春，似乎并未在繁华的书斋里度过，却也并不平凡。

开元六年（718），十八岁的李白早已是四川的文人巨星，诗名传遍四方。而你呢？王昌龄，你还在老家默默耕耘，手中的锄头成了你人生最亲密的伙伴。

你常常在田野间“郊游”，在家门口的小菜园割韭菜，或者在傍晚时分，推开院门，目送夕阳西下。你喜欢与村里的老渔翁交谈，问他：“白头翁，垂纶几年也？”那位钓者笑了，眼角的皱纹里有岁月的沉淀。而你不觉疲倦，话语间总带着一股追寻的意味——这就是你最简单的世界，却也充满了诗意。

你看过陶渊明笔下的桃花源，梦想有朝一日能逃离世俗的纷扰，寻得一处心灵的栖息地。虽然生活依旧困顿，但你从未让贫穷磨灭你内心的文艺情怀。你从这片贫瘠的土地上汲取营养，慢慢滋养出自己的思想与诗句。你心中仿佛有一股力量，逐渐驱使着你挣脱这片田园的束缚。

开元八年（720），二十三岁的你终于做出了一个决定——背井离乡，远赴嵩山学道。母亲的催促声在耳畔回响：“龄儿，你说的嵩山学道几时成行？”每次她都轻轻提起这个话题，你心中却总有一丝不舍。你回望着那个简陋的家，眼前是青山绿水，是村头熟悉的老树，是父母满脸的期望。“娘，孩儿舍不得离开你和爹呀。”你轻声回答，心中却已经做出了决定。

母亲温柔地拍了拍你的肩膀，微笑道：“傻孩子，到了嵩山好好修道，早点考取功名，带我和你爹到大城市去看看，我和你爹还从未出过远门呢。”

第二天，你便背起简单的行囊，踏上了前往嵩山的路途。父老乡亲们纷纷前来为你送行，大家的脸上写满了不舍。你低头轻轻拭去眼角的泪水，心中却有一种从未有过的坚定——这只曾在田间飞舞的小雏鹰，终于要振翅飞向那遥远的天际，去寻找属于自己的广阔天地。

你从此走出了这片熟悉的土地，走向了更广阔的天地。你知道，自己的命运不会因贫困而停滞，也不会因为种地而局限。你终将扬起翅膀，飞向属于你的高远天空。

开元十一年（723），你已经在嵩山修道三年。这三年，虽然没有什么大起大落，却也让你逐渐感受到内心的空虚。这片广阔的天地，总是让你感觉有些束缚。你偶尔在这里写下日记，思索着未来。

记得某一天，你在中峰的焦炼师道场，捧起了那本《周易参同契》，心中不禁一阵感慨。你徜徉在山间，心思随着松影婆娑起伏。

谒焦炼师

中峰青苔壁，一点云生时。
岂意石堂里，得逢焦炼师。
炉香净琴案，松影闲瑶墀。
拜受长年药，翩翻西海期。

你感受到焦炼师所赠的“不老药”给你带来的轻盈，心中仿佛触及一些更深的道理。眼前的嵩山，青峰巍峨，云雾缭绕，恍若仙境；而你也在这里找到了片刻的宁静，甚至一度幻想自己将飞翔到西海，与神仙为伍。

随着岁月流逝，你感到内心的渴望愈发强烈。这份宁静且隐居的生活，已不足以承载你对世界的好奇与梦想。你在一遍遍的自我总结中逐渐意识到，修道并非你唯一的归宿。

“无迹方知流光逝，有梦不觉人生寒。”你在心中叹息，时间在悄悄流逝，而你的梦想依旧未曾得到展现。

最终，你决定离开。你不再满足于在这里的修道生活，带着焦炼师的赠药，踏上了新的征程，向北行至太行，心中燃烧着对外面世界的渴望。

就道士问周易参同契

仙人骑白鹿，发短耳何长。

时余采菖蒲，忽见嵩之阳。

稽首求丹经，乃出怀中方。

披读了不悟，归来问嵇康。

嗟余无道骨，发我入太行。

你的旅途并不顺利，但它已经成了你生命中的一部分。离开了家乡六七年，虽然参加“公务员考试”这个初衷似乎已被遗忘，但这段游学之路，是你通向未来的必经之路。就如你所知，唐朝的游学并非可有可无，它是一段自我完善的过程，学子们必须经历外界的挑战，才能最终得到磨砺。

或许，在这漫长的过程中，你曾有些迷失，也曾有些惆怅，但你从未丢掉那颗追求诗与远方的心。

（二）

开元十二年（724）的长安城内，才刚刚经过那场苦涩的考试，你心里一片空白，你知道，自己根本中不了举。这一切，让你不禁心烦意乱，整日借酒浇愁，沉浸在自责与焦虑之中。然后，突然一个念头闪过你的脑海：走，出塞！

你没有犹豫，决定彻底放下这一切，启程前往西边。于是，你踏上了向西的旅途，目光坚定，如同那座遥远的关隘，心中充满了浩然的热血。

同年，你步入了戈壁荒漠，穿越河西走廊，来到那被沙尘笼罩的西域。你骑着战马，身后是漫天黄沙，眼前是无尽的荒原。那种辽阔的天地，令你震撼。你突然意识到，原来中国是如此广阔，远远超出了你想象的极限。

“望临洮”，你在心中默念，随即提笔写下：

望临洮

饮马渡秋水，水寒风似刀。

平沙日未没，黯黯见临洮。

昔日长城战，咸言意气高。

黄尘足今古，白骨乱蓬蒿。

这些诗句，仿佛将你从内心深处的惆怅引导出来。那片黄沙，那座孤寂的城池，那些战士与死者的影像，仿佛成了你笔下的一部分。

你在西域的军营中驻足，和那些坚韧的战士共同生活。营帐中，篝火熊熊，熏烟弥漫，战士们围坐在你身旁，听你讲述嵩山修道的宁静，讲述你在长安的岁月与遗憾。而他们，则用自己一生的坚守和烈火般的情感，回应你的故事。

“让王昌龄给我们作首诗怎么样？”有个五大三粗的战士提议，其他人也跟着附和，他们都不会写诗，而你，就是最佳人选。你并不推辞，起身走到篝火旁，一手端着酒杯，一手捻着胡须。你深吸一口气，凝视那孤悬在夜空的明月。那轮明月，似乎也在注视着你，眼中透出期许。

你低头沉思，将杯中酒一饮而尽，目光望向远处的关隘，突然，心中有种豪气上涌。你放声高吟：

出塞

秦时明月汉时关，万里长征人未还。

但使龙城飞将在，不教胡马度阴山。

这一刻，诗句如澎湃的潮水，激荡在军营中，余音绕梁。那些战士纷纷站了起来，眼中噙着泪花，争相和你拥抱，久久不愿放开。你站在篝火旁，感受到一股从未有过的情感，那是与这片荒凉之地深深地联系，那是与这些长年守卫边疆的英雄之间的默契与共鸣。

此时的你，再也无法压抑内心的情感，胸中的块垒与激情，终于在这一刻宣泄而出。于是你吟唱出另一首千古绝唱：

从军行

青海长云暗雪山，孤城遥望玉门关。

黄沙百战穿金甲，不破楼兰终不还。

这两首诗，成了你在西域军旅生活中最珍贵的记忆。你已经不再是那个在长安因科举而倍感失意的王昌龄，也不再是嵩山中的修道学子。你是大唐边塞的歌者，是那些浴血沙场的战士的代言人。

三年艰苦的军旅生涯，在这片热血沸腾的土地上，你经历了成长与蜕变。你不仅是一个诗人，更是一个有着责任与担当的大唐诗人。你终于明白，正是这些守卫边疆的勇士，为长安城铺就了安宁与繁华的道路，换来了万邦朝拜的荣光。

从那个农耕少年，到嵩山道士，再到西域边关的战地诗人，你的身影，已深深镌刻在这片土地上。你是大唐最独特的歌者、边塞诗的先驱，你以“七绝圣手”的傲然姿态，谱写了属于自己的传奇。

（三）

开元十四年（726），年近三十的你踏上了归乡的路。离开生活了三年的边塞，离开了那片你曾为之热血沸腾、为之挥洒过青春与理想的荒漠。边塞的岁月，不论如何拼搏，你都没有成就“上马杀敌、建功立业”的愿望，你心中虽依旧怀有遗憾，却也渐渐将它放下，回到长安，隐居在蓝田县的石门谷。

那时候的你，并非一介书生，而是已经名声在外的诗人。你的诗歌像流星划破长空，迅速穿越了长安的大街小巷，成为“长安朋友圈”的热门话题。特别是那首《出塞》，几乎成为大唐边塞诗的代表作，刷爆了大唐的文化圈，那句“秦时明月汉时关，万里长征人未还”几乎是口口相传，成了你诗歌的代表。

你并没有因突然的“成名”而沾沾自喜，反而像一个沉稳的学者，警惕着自己不再重蹈上次国考失利的覆辙。这一次，你不再心浮气躁，而是以更深沉的姿态投入准备国考的工作中。那股“头悬梁，锥刺股”的苦读精神，又回到了你身上。你不敢懈怠，因为你知道，这是你再次攀登的机会。

开元十五年（727），年届而立的你，终于再次踏上了考场。你并不急于求成，反而沉稳地应对每一道题目，不让情感左右你的判断。

成绩公布的那一刻，你终于如愿以偿，考上进士。这一刻，你没有任何炫耀，只是静静地接受着这份来之不易的荣耀。你心中一片安宁，因为你知道，自己已经用实际行动证明了自己的能力和决心。很快，你的名字在长安城中如雷贯耳，你没有自傲，因为你知道，这一切的荣耀并非偶然，而是属于你多年的坚持与奋斗。

你被授予了秘书省校书郎的职位，这个职位并不显赫，但对你来说，就是一个新的起点。你进入了大唐的官方体系，这使得你逐渐走向了更加稳固的未来。

然而，命运似乎并不总是按照你的预期发展。不久，你被调任至远离长安的龙标县，那里是一个荒凉的地方。你从京城的小官变成了地方的小官，龙标在当时被视为“瘴疠之地”，而你此时的心情自然也不难想象：郁闷、失落、迷茫。你甚至有些无法理解，这个变化来得如此迅速，曾经的荣耀一瞬间似乎都被湮没。

直到开元十九年（731），你再次回到了长安，心中有着一股不甘与期许。前四年，你一直在龙标，龙标的生活，让你对官场有了更多的思考与领悟。你并不满足于单纯的官职与权力，心中仍怀抱着更高的志向与追求——博学宏词科考试。这一次，你没有让自己辜负过去的积淀，一举荣登榜首。

这场考试的难度不亚于进士，真正能够脱颖而出的，都是人才中的佼佼者。这反而让他更加坚定了自己的信念。这一次，你不仅为自己争得了荣耀，更为自己的诗名增添了浓墨重彩的一笔。

然而，朝廷对你的安排并没有你想象中那般光彩照人。在成功登上博学宏词科的榜单后，你依旧只被安排了个县尉的职位——虽然职位名头看似高了些，但你心知肚明，这不过是从一个地方到另一个地方的平调。你离开了长安，走向了河南的汜水，那里位于中原，和东都洛阳紧紧相连，你终于可以重新与曾经的诗朋酒友们相聚，喝酒吟诗，享受片刻的闲适与安宁。

然而，好景不长。开元二十二年（734），你接到了一纸调令，只得离开汜水，来到了江宁。这一迁，虽然官职上升了，成了江宁丞，但你心中明白，这并非升职，而是一种明升暗降。江宁远离政治的核心长安，江宁丞在权力的地图上比汜水县尉更为靠边，你不得不带着几分无奈和惆怅，开始了新的生活。

你在江宁的岁月并不平静，心中的那股对理想的执着与对国家的热爱，并没有因为一次次的调职而减弱。你坚持着自己的操守与原则，不愿随波逐流，也不愿意让权贵抹去自己的锋芒。在那些日复一日的公文和琐事中，你依然保持着书生的心性，时常在孤寂中自问，为什么自己所追求的理想，总是无法得到更广阔的舞台。

他无法容忍某些人对他的才华的嫉妒与打压，你一直坚持自己的信念，始终没有改变初心。你知道自己之所以被“流放”，是因为你不肯低头，始终不懈于迎合权贵，甚至不畏与权臣李林甫为敌。

开元二十六年（738），四十一岁的你，因支持张九龄、抨击权贵，终于没有逃脱权谋的旋涡。你被谪往岭南，远离了曾经的官场与诗朋，前往那片陌生的土地。这一次，曾经的理想似乎彻底破碎，但你依然坚守着自己的清高与正直。

在那个时候，你正在前往岭南的路上，但原本早已注定的流放，却因为朝廷的大赦而出现转机。你也在那时偶遇了李白。你们两位皆是当时的文坛巨擘，而命运让你们在此相遇，仿佛是老天也觉得你们的孤独已经够久了，得给你们一个短暂的放松与慰藉。

李白当时也未能得到自己想要的官职，心中郁闷无比，心情压抑，决定返回故乡。你们“同病相怜”，心中有着难以言喻的沉默与无奈。于是，你们决定共同泛舟洞庭湖，带着一壶美酒，舒展胸怀，暂时忘却尘世的纷扰。

在湖面上，江水清澈，微风拂面，船只轻轻摇曳。两位大诗人，面对着浩渺的湖面，情不自禁地将诗句抛向风中。

你们在这片宁静的湖水上，如同两个少年，心灵在这一刻得到了久违的宁静。船随风而行，酒随着心情泛滥，彼此的对话与笑声，在这片水天一色的天地间回荡，仿佛世界只有你们两人，没有任何世俗的压力与烦恼。

然而，离别总是来得太快。你送走了李白，继续北上。当你经过襄阳时，心中自然想起了那个曾经在长安赛诗会上技惊四座的诗人——孟浩然。你一直对他心存敬仰，毕竟他是当时文坛的领袖之一。你回忆起长安的那个午后，孟浩然的那句“微云淡河汉，疏雨滴梧桐”至今仍在你耳畔回响，那一刻，他的才情让你感受到了何为诗的力量。

你决定拜访这位曾经的诗坛巨匠。开元二十八年（740），你在襄阳见到了孟浩然。时光荏苒，此时，你们的相遇，已非往日的风光，而是两位“沦落人”的孤独与困厄。孟浩然已经不再是当年风头正劲的文人，他在襄阳依旧是一介布衣，未得仕途。

你们的重逢，没有言语的过多交代，只有酒，只有怀念。老朋友聚在一起，喝酒、谈诗、叙旧，哪管官场的浮沉与生活的艰难？你们畅饮到深夜，边吃边聊，恍若当年。

然而，这一场相聚的欢愉，埋下了悲剧的种子。

孟浩然刚刚痊愈的背疮，因饮食不当而复发，人不久便离世而去。你们两位老友，未能再见一面，悲夫，悲哉！

孟浩然突然离世的消息，犹如晴天霹雳，让你心情沉痛，不能自已。你为此深感痛惜。尽管酒中有欢乐，背后却藏着难以言表的悲伤。

你心中时常懊悔：自己是否忽视了孟浩然的身体状况，是否该应更小心些……

你深深悔恼，自己从未能回报这位知音诗人的深情，未能更好地照顾他，未能和他走得更远。人生有时如此，千里之行，往往只剩下遗憾与悔恼。

还未从失去朋友的悲伤中走出来，天宝三载（744），你再次被任命为江宁丞。这是一个你熟悉又带些厌倦的地方。你知道，命运对你并不总是公平，但你已学会与它和平共处，心如止水。你将这些当作自己与世界之间的一场默契，既不抱怨也不反抗，只是专注于将每一件小事做好。

不过，江宁也未必只是束缚，你依旧以诗人的眼光和心态，看待这次的流放。在这条从长安到江宁的路上，你遇到了岑参——一个年纪比你小得多的诗人。岑参感激你对他的指点与支持，写下了那首送别的诗：

送王昌龄赴江宁

对酒寂不语，怅然悲送君。

明时未得悲，白首徒攻文。

泽国从一官，沧波几千里。

……

潜虬且深蟠，黄鹄举未晚。

惜君青云器，努力加餐饭。

你读着这些诗句，内心颇为欣慰。岑参年轻有为，意气风发，正如你当年一样。你希望他早日有所作为，尽快在这片广阔的天地间闯出一片属于自己的天地。

你不再执着于仕途的名利。在漫长的旅途中，你开始以一种更淡然的心态来看待世事，放眼远方，看天边的云卷云舒。途经洛阳时，你遇见了昔日的朋友们，决定在这里暂住半年。和朋友们的再次聚会，也让你写下了那首感人至深的诗：

芙蓉楼送辛渐

寒雨连江夜入吴，平明送客楚山孤。

洛阳亲友如相问，一片冰心在玉壶。

表面上是对洛阳朋友们的宽慰，实则是你内心对这段岁月的释怀。你已经不再为那些无法改变的事情愁肠百结。面对这世间的沉浮，你早已保持了一颗平常心。

（四）

四月，江宁天气已渐渐转凉。长安的街道上，春雪交加，寒冷的雨丝飘落，铺满了大街小巷。你漫步在这座熟悉的城市中，心中却有些格外清醒——你早已不像曾经那般渴望一夜成名，或是在朝廷中站稳脚跟。现在的你，更加在意的是与朋友的聚会，是诗酒之间的那份悠然自得。没多久，你就遇到了昔日的知己——高适和王之涣。

你们相见如故，酒过三巡，气氛渐浓。

谈笑间，你们已忘却了外面寒冷的世界。酒楼里炊烟袅袅，灯光昏黄。你们选择了一个靠窗的位置，彼此靠近，围坐在小火炉旁，眼前是那份熟悉的温暖。酒香弥漫，气氛渐渐轻松了起来。然而，就在这时，楼上传来了一阵欢笑声，梨园的十余位子弟正准备上来为大家表演一场。

你们不禁交换了一个眼神，默契十足。酒杯微微碰撞，三人心照不宣地站起身，离开了酒桌，依偎着围坐在小火炉旁，静静观看。

突然，你们听到楼上传来了一阵骚动。原来是酒店里的一群梨园女子（戏曲女演员），她们佩戴着精美的玉饰珠宝，款款走上楼。你们一眼便明白，她们是来唱曲的。你们三人在诗坛上都算是有名，可是一直未能分个高低。今天算是有个机会，可以悄悄地听这些歌女演唱，谁的诗编入歌词多，谁就最优秀。刚定下约定，第一个歌女唱的就是《芙蓉楼送辛渐》，你轻轻一笑，伸出手指在墙壁上画了一个竖线。“这是我王昌龄的绝句。”你低声道，带着几分自豪。

紧接着，第二位歌女上场，唱的是高适的《哭单父梁九少府》，高适听到自己那悲伤的诗句被演唱出来，心中也是一阵悲切，他的诗情似乎总是带着一份浓烈的哀愁，与那份与世隔绝的孤独感相伴相随。

他随即连忙在墙上画下一条线："这是我的。"

此时，你再度听到楼上传来的歌声，第三位歌女高歌，你不禁笑了笑，再次伸手在墙壁上画出一条："承让，两首绝句。"

气氛愈加轻松愉快，然而王之涣却并未如你所期待的那样马上举笔。他的目光微微闪烁，似乎有些许不安。随着歌声的继续，他的心情显然并不那么愉快，因为这些歌女的歌声中并未出现他的诗句。

王之涣终究按捺不住，淡淡地说："这几个唱曲的，都是些不成气候的丫头片子。她们唱得不好，根本算不上什么高雅之作。"你和高适听了，心里不禁发笑。显然，王之涣此时心中有些不满，便调侃道："阳春白雪之类的曲子，她们岂能唱得了？"

他随后指着其中一位最漂亮的歌女，目光中带着几分高傲："看她唱的时候，如果不是我的诗，那我便此生不再与你们争高低。如果是我的诗，那二位就要拜我为师了。"你们二人听后不禁大笑，这种自信，也让你们觉得这场"诗赛"变得更加有趣了。

时间慢慢流逝，歌声再次响起。终于，轮到了那位最美丽的歌女，她身穿轻纱，手指纤细，轻拨琵琶，唱道："黄河远上白云间，一片孤城万仞山。"

你和高适都能感受到王之涣眼中闪过的光芒，那个自信的笑容浮现出来，带着几分得意："怎么样，我早就说过了吧！"

三人相视而笑，酒意微醺，气氛愈加融洽。那些梨园歌女似乎并未意识到发生了什么，纷纷走过来，带着几分娇羞，询问你们的笑意。你们便把这场诗歌比试的缘由告诉了她们，歌女们听后，纷纷施礼，低头下拜：“请原谅我们这些俗眼不识神仙，恭请诸位大人赴宴。”

你们三人当即答应了她们的邀请，欢声笑语在酒楼中回荡。

天宝七载（748），你又一次被贬。自江宁丞一职上任已八年，直到这一年，天宝七载戊子，你终于因言被贬为龙标尉。或许这次，命运的捉弄让你与湘西的山水结下了永不解的缘分。你离开了金陵，踏上了前往龙标的艰辛旅程。一路上，江水滔滔，山川苍茫，你心中虽不免愁绪，却早已习惯了风雨的洗礼。

你知道，龙标并不是一个能够轻易驻足的地方，那是一片深山老林，寂静无声，仿佛将一切喧嚣隔绝在外。你在这片荒凉中重新开始了生活，过得异常清苦，但你也知道，自己依然能用诗歌与天地对话，用文字将那份内心的豁达与超然表达出来。

李白听闻你的贬谪，写下了那首流传千古的诗句，安慰你那颗孤寂的心。

闻王昌龄左迁龙标遥有此寄

唐·李白

杨花落尽子规啼，闻道龙标过五溪。

我寄愁心与明月，随风直到夜郎西。

你读着李白的诗，心中涌上一股暖流，眼前仿佛有明月穿越五溪，与你的孤独心境，在遥远的天涯共鸣。李白的友情，在这片深山之中，显得尤为珍贵。

你回过头来，望向远方的山峦，心中却已不再有过多的失落。

是的，你被贬了，但你仍然有李白的诗、仍然有满天星辰和明月的陪伴。你微微一笑，觉得这一切似乎也并不那么难以承受。

你并没有因此而沉沦，反而在龙标这片幽深之地找到了自己的内心宁静。你关心民生，体恤百姓，为政宽厚仁爱，深得百姓的爱戴。你没有被困于对仕途失望的痛苦，而是选择了以豁达的胸怀，去接受这场人生的考验。

记得有一次，一位好友从龙标前往武冈，你为他写下了那首诗：

送柴侍御

沅水通波接武冈，送君不觉有离伤。

青山一道同云雨，明月何曾是两乡。

这首诗早已流传千年，尤其在近代，成了两国之间情谊的象征。你在这首诗里道出了朋友的离愁，但你又用“青山一道同云雨，明月何曾是两乡”来表达自己内心的坚定：无论身处何方，心中的那份情感与牵挂始终未曾改变。即便天涯相隔，明月依旧相同。

你在龙标的日子里，虽然远离了繁华与喧嚣，但也过得意外地从容自在。你喜欢与竹林、溪水为伴，恣酒竹间，弦歌悠扬。你时常在沅溪畔，看着夏日的凉风拂过，便写下了这样一首诗：

龙标野宴

沅溪夏晚足凉风，春酒相携就竹丛。

莫道弦歌愁远谪，青山明月不曾空。

你知道，即便是身处这片寂静的山林，人生的美好依然存在。青山、明月、竹林、酒盏、弦歌，都是你生活的一部分。你告诉自己，不必去理会那些世俗的得失，生活中最重要的，便是内心的自由与宁静。

你无论在何地，总能看到那些青山、明月，这些自然的意象，象征着你心中不曾改变的诗意与理想。你不再为仕途的失意而焦虑，而是学会了与自然和自己和解。你的诗，已经不再仅仅是词句的堆砌，而是你对这个世界深刻的感悟与独特的表达。

（五）

天宝十四载（755），你站在龙标的山川之间，心中有着难以言喻的焦虑与挂念。大唐江山，正如飘摇的风中烛火，突然间，爆发了“安史之乱”。长安、洛阳的命运摇摇欲坠，朝廷陷入了空前的危机。你在这远离尘嚣的龙标，心急如焚，时常凝望着远方的天际，思绪万千。

你一度想过，自己可能再也无法见到那个你从小离开的家了。你那年近花甲的老母亲是否依然安好？她的影像，始终萦绕在你心头。

此刻，你的内心充满了悲愤与无奈。你的诗歌曾经是那些风花雪月的描写，是诗意的自由，但此时，正是这段沉重的历史让你无法再静下心来。你知道，自己必须回家，必须回去看看母亲，尽到自己身为儿子的责任。你的心被这份家国情怀所压得沉重，你终于决定离开龙标，踏上归途。

“青山一道同云雨，明月何曾是两乡。”你多次吟诵这句诗，想象着自己踏上归路时那份久别重逢的情感。你深知这句诗承载的意义，不仅仅是地理的距离，而是那份深厚的情谊，跨越了时空与生死，成为你内心不灭的灯塔。

在过了辰溪，经过了武陵的山水后，你继续沿江而行，心中迷茫又沉重。你的目光时不时地落在舟中的波光上，仿佛那江水带走了你所有的负担，让你一时间感受到那份未曾有过的轻松。你似乎看见了那轮明月，在水面上悄悄荡漾，仿佛是家乡的呼唤。

然而，命运的安排，终究是难以预料的。在你离开龙标的途中，你没有想到，这次归乡，却变成了你生命的终结。

唐肃宗至德元年（756）冬，五十九岁的你正经过濠州，而路过的那座城池，注定成为你生命的最后一站。你与濠州刺史闾丘晓并无任何交情，甚至可以说，生活中甚至都没有交集。而他的出现，在你此刻的生命中，成了一道无法跨越的坎。

在那里，他残忍地杀害了你。

闾丘晓为何要对你痛下杀手，史书记载甚少，仅元人辛文房《唐才子传》卷二云：“以刀火之际归乡里，为刺史闾丘晓所忌杀”。

你或许无法理解，自己这么多年来，远离争斗、远离纷争，为人处世平和宽厚，怎会招致这样的灾难？

你的故事，到这里就结束了。

后记

一年后，公元 757 年，宰相张镐命令闾丘晓救援睢阳，当时闾丘晓故意拖延执行命令，最后一个才到，以至于等他来时，睢阳城已经沦陷三日。当时，跟随张镐救援睢阳的淮南节度使高适正是王昌龄的好友，他已将王昌龄的冤情禀明了张镐，张镐遂下令将闾丘晓处死。

“大人饶命啊，我上有八十岁老母，下有三岁的女儿要抚养……放我一马吧！”闾丘晓磕头如捣蒜，可张镐的声音冷如寒冰，“王昌龄无辜被杀，他的亲人，由谁来养？”

一句话，犹如一把利剑插入闾丘晓的心脏。他低垂着头，哀求着，却换来张镐毫不留情的一声令下。顷刻间，闾丘晓头颅落地，身躯孤零零地倒在冰冷的地面上。

他残害了王昌龄，却也自食恶果，不得善终。

元人辛文房《唐才子传》卷二：（王昌龄）以刀火之际归乡里，为刺史闾丘晓所忌而杀。后张镐按军河南，晓愆期，将戮之，辞以亲老，乞恕，镐曰：“王昌龄之亲，欲与谁养？”晓大为沮。

一口气概述

他的名字，叫作王昌龄。

他是唐代著名诗人，以其独特的艺术风格和深刻的诗歌内涵，成为中国古代诗歌史上的璀璨明星。他的诗歌创作包括边塞诗、宫怨诗、送别诗等多种题材，以精练的语言、深沉的情感和广阔的意境赢得了极高的声誉。王昌龄的作品数量不是很多，但无论是在质量还是艺术成就上，均具有无可比拟的高度。

王昌龄的边塞诗尤为人所称道。他的作品展现了极强的情景交融与意境构建，将边塞的雄浑景象与征战士兵的情感细腻结合，捕捉了他们在极端环境中的孤独与豪情。

除了边塞诗，王昌龄的宫怨诗同样享有盛誉。他以细腻的笔触描绘了宫廷女性的悲苦命运，揭示了封建社会对女性的压迫。他的《西宫春怨》和《西宫秋怨》等作品，将宫女的内心情感刻画得入木三分，展现了她们在宫廷深深的孤寂和绝望中的心理变化。王昌龄在这类诗歌中不仅继承了六朝的华美风格，还加以创新，将宫词从浮艳色情中剥离，赋予了更为深刻的人文关怀。

王昌龄的诗歌语言精练，意境深远。无论是五言古诗还是七言绝句，他都能够通过简洁的表达，传递出丰富的情感和深刻的思想。他的七言绝句尤其擅长表现复杂的情感层次，如同他在边塞诗和宫怨诗中展现的情景交融，既有对大自然的描写，又有对人心的细腻探讨。在艺术技巧上，他善于运用比兴和寄托手法，巧妙地将个人情感与宏大背景结合，塑造极具表现力的诗意世界。

后世对王昌龄的评价高度一致，认为他在唐代诗坛占有独特的地位。唐代诗人岑参称王昌龄“天才流丽，音唱疏远”，而明代文学评论家胡应麟则认为，王昌龄的诗“言情造极”，即在语言和情感表达上达到极致。此外，近代学者闻一多更是评价他为盛唐诗坛“个性最为显著”的诗人之一，与孟浩然并列。

王昌龄不仅在诗歌创作上成就卓著，他的作品也为后代诗人提供了宝贵的艺术借鉴。他的诗歌语言简练而有力量，情感深沉而真实，堪称唐代诗歌的典范。

他的名字，叫作王昌龄。

他的独特在于他是盛唐边塞诗人的异类。高适写功名，岑参写奇景，王之涣写壮阔，但王昌龄始终在写“人”。他笔下的战士不是符号化的英雄，而是有血有肉的凡人，是“孤城遥望玉门关”时仍有求生欲的个体。这种对集体叙事下个人困境的凝视，在盛唐诗人中颇为罕见。

他的克制成就了力量。《出塞》里“秦时明月汉时关”七个字压缩四百年时空，却用“人未还”收束为具体生命的消亡。这种历史纵深与个体悲剧的碰撞，比任何直白的控诉都更具穿透力。

他懂得留白的艺术，烽火台上的血渍、羌笛声里的乡愁，都隐在字缝间。

他的一生，实际上是充满了变动的。很多时候，他不是写别人，而是在写自己。他以他人的故事来反射自己的情感，这种隐秘的“自我投射”让他的诗歌多了几分无法言说的痛与空洞。

王昌龄的诗里没有太多展示个人抱负的地方，反而给人一种在时间和空间的夹缝中挣扎的感觉，像是永远在等待一个答案，或者只是在寻找一个可以停靠的港湾。

他的诗少了些过于鲜艳的色彩，却多了些隐秘的深度；少了些炫目的喧嚣，却多了些可以默默触动你内心的力量。这种“无声的力量”，正是他诗歌最打动人心的地方。

他也许并不想去改变世界，至少从他的诗中看不出那种强烈的欲望。他更像是想在这个不断变化的世界中找到自己的位置，而在这一过程中，他的诗歌成了他内心的表达，一个没有过多修饰、却真实而深刻的声音。

所以到了故事的最后，他死了，他的死亡本身成为最残酷的注脚。那个在诗里反复书写戍卒“无那金闺万里愁”的人，在最终倒在闾丘晓刀下时，却也不过是权力绞肉机里又一具无人收殓的骸骨。

盛唐的阳光依然照耀，只是再也照不进他诗中那些被刻意遗忘的身影——

那里始终站着未归的征人、困守的宫女和所有被时代高歌碾碎的沉默者。

朱淑真

如夏花般的一生，

吟唱出女子千百年不屈的情感

题记

世间最薄命之事，莫过于才情如花，却遭命运错付。

朱淑真生于烟柳繁华的钱塘，一世痴情，满纸断肠。她本是春闺雅士，词笔如梦如怨，却偏偏困于俗世枷锁，辗转于孤独幽栖之中，难觅心灵知音。她与李清照并称，却未尝如易安般旷达从容。

（一）

你的名字，叫作朱淑真。

绍兴五年（1135），你出生在钱塘，一片风光明媚的江南水乡。这里的山水、园林、花草仿佛都充满了诗意，周围的景致时刻激发着灵感。你的家，坐落在朱家园林内，那里有参天的古木、蜿蜒的池塘、疏影横斜的竹林。清晨，阳光透过枝叶洒落，斑驳地在地面上跳跃；傍晚，池塘里的荷花微微颤动，清风拂过，水面荡起一层层涟漪。你就这样，在这片充满诗意的土地上慢慢长大。

从你记事开始，父亲朱延龄便是你最敬爱的人。父亲一心栽培你，教你读书写字，给你讲述诗词歌赋，传授古今风云。你聪明过人，吸收知识的速度让父亲备感欣慰。你的每一首诗、每一幅画，都仿佛承载着你对世界的感知与理解。

你站在朱家园林的小楼上，面朝东边，那里有一片开阔的草地，风轻轻吹过，带着花香。你总喜欢在这时提笔，写下你对生活、对自然的理解。

父亲看到你静心读书的样子，常常微笑着夸你："真是个聪明的孩子。"你早已不再是那个需要父亲时刻照料的婴儿，开始懂得自己追求的世界与梦想。

你已经可以诗词与画作并行。园中那一树桃花盛开时，你写下了一首描绘春景的诗：

浣溪沙·清明

春巷夭桃吐绛英，春衣初试薄罗轻。风和烟暖燕巢成。

小院湘帘闲不卷，曲房朱户闷长扃。恼人光景又清明。

那时，父亲和你一起赏花，听你吟咏诗词，温文尔雅的父亲眼中充满了欣慰和骄傲。每当你用柔美的声音吟诵出自己的诗，父亲都会拍手称赞，觉得你继承了家族的才气。

就在这时，父亲朋友家中的一位青年，进入了你们的生活。他为考取功名，暂时住进了朱家园林中的“旷轩”，专心读书备考。

你们并不陌生，因为从小便常听闻对方的名字。少年身材高挑，风度翩翩，家教严谨，学问深厚，常与你父亲在诗词、书画上探讨，才子佳人的故事也开始在你们家的园林中悄然上演。

你们常在园林中互相切磋诗文，探讨琴棋书画，渐渐地，你与他的心灵距离也开始缩短。诗词上的争论与调侃，成了你们日常生活的一部分。他对你的诗才既佩服又欣赏，你们彼此心照不宣，却又在时光里偷偷埋下了情愫的种子。你们的对话温柔而有趣，字里行间充满了默契。有一天，你写下了一首诗，赠予他：

贺人移学东轩

一轩潇洒正东偏，屏弃嚣尘聚简编。

美璞莫辞彫作器，涓流终见积成渊。

谢班难继予惭甚，颜孟堪睎子勉旃。

鸿鹄羽仪当养就，飞腾早晚看冲天。

你在这首诗里表达了对他深深的期望与鼓励，你在诗句中说：“我这女儿身恐怕是赶不上谢道韫、班昭那样的才女了，但你还是有希望成为颜回、孟子那样的人物。”

你相信，他能够成就伟大。“飞腾早晚看冲天”是你对他未来的期许，也是你对这段感情的美好祝愿。

他即将启程，赴京赶考，来与你辞别。

细雨轻轻飘落，你的心中满是不舍，眼角含泪，却仍笑着祝他前程似锦。你写下了《清平乐 · 风光紧急》：

清平乐·风光紧急

风光紧急，三月俄三十。拟欲留连计无及。绿野烟愁露泣。

倩谁寄语春宵。城头画鼓轻敲。缱绻临岐嘱咐，来年早到梅梢。

你将所有的期望与情感融入诗中，相信那时的你们会再度相见，一切都会回到最初的模样。

（二）

又一年春悄然而至，你依然没有见到他。你站在栏杆旁，空对着那片渐渐远去的景色，心中的孤寂与惆怅愈发浓烈。你低声叹息：“独自凭栏无个事，水风凉处读残书。”诗中的愁，不只是个字眼，更是内心的压抑，是你对恋人不曾见面的无奈和痛苦。你将这一份心事托付给了诗篇，让它随风传递，却始终未能解开这愁肠。

一年又一年，春去春又回，离人犹未归，而你的思念愈发沉重。你知道，自己已经无法逃避心底那份深沉的情感，那份愁绪也早已根深蒂固，挥之不去。你不再只是轻轻地叹息，而是用心去描写那份无法言说的愁：“十二阑干闲倚遍，愁来天不管。”

谒金门·春半

春已半，触目此情无限。十二阑干闲倚遍，愁来天不管。

好是风和日暖，输与莺莺燕燕。满院落花帘不卷，断肠芳草远。

每一段寂寞的时光，都是你对远方恋人深深的思念，你心中那份未曾完成的情感，早已凝成了诗句，凝成了无尽的愁。

当你写下“万景入帘吹不卷，一般心做百般愁”时，你已经明白，这份愁已经无法用任何语言来解开，甚至已深入骨髓，成为你生命的一部分。

试墨

翠楼高压浙山头，海角湖光豁醉眸。

万景入帘吹不卷，一般心做百般愁。

诗的愁，随着时间的流逝逐渐加深，情感愈发浓烈，以至于“鸣窗夜听芭蕉雨，一叶中藏万斛愁”。

你再也没有力气去掩饰内心的痛苦，已从一缕愁到百般愁、万斛愁。你心中的爱与痛，化作了一行行字字愁，已没有办法消解，只能将其一一倾心吐尽，化作书信送给远方的他：“倾心吐尽重重恨，入眼翻成字字愁。”

得家嫂书

声声喜报鹊温柔，忽接芳缄自便邮。一尺溪藤搞锦带，数行香墨健银钩。

倾心吐尽重重恨，入眼翻成字字愁。添得情怀无是处，非干病酒与悲秋。

那个远在天涯的他，是否也能感受到你此时此刻的痛楚？你根本就不知道，岁月已将曾经的所有美好与期待都化作了无尽的愁绪，这份痛，仿佛永远都无法消解。你已不再是那个无忧无虑的朱家小姐，而是那个把所有情感与思念化作诗句的女子。

在你笔下，愁与爱，已然交织成一幅难以解开的画，等着被岁月慢慢注解。

绍兴二十五年（1155），钱塘的园林依旧如旧，四季更替，春花秋月，岁月的流转仿佛未曾改变这片土地的美丽。然而，你的心境已不再如初。

你是家中的长女，年纪渐长，仍未婚配。父母急了，他们的眼中似乎只有你的婚事，当年那个他乡的书生早已不见踪影。而你，终究还是未能等到那段美好。

你没有选择伴侣的权利。父母的焦虑，最终将你推入了婚姻的深渊。你嫁的那个男人是一个小官吏，起初你对他心怀期待，认为他或许有一番抱负，能为你们的生活带来一片光明。然而，婚后的生活与想象大相径庭。

你坐在朱家园林的东园里，看着远处微漾的池塘，心里却无法安定。你想起婚后的那些日子，曾经的梦想被无情地打破。那时的你仍在期望着这段婚姻能够如你所愿，可时间一长，你发现他根本不是你满怀期待的温文尔雅的书生。你的心情像是池塘里的水，渐渐沉淀，慢慢无波。

之后，丈夫渐渐沉迷官场，失去了追求理想的动力，堕入了权力与财富的泥沼。你常常在夜深人静时，独自倚窗望着远处模糊的天际，心里充满了无尽的惆怅与失望。

婚后的生活逐渐变得沉闷和空洞。除了不认同你的诗词才华，你的丈夫更是胸无点墨，碌碌无为，甚至连敬重嫡妻都做不到，你和他之间的距离也越来越远，情感渐渐消散。他仕途无为，不思进取，沉迷于酒色，甚至公然带妓女到家中。你理解不了这种行为，曾无数次发火，但对方只是一次又一次地揭过此事。你开始质疑，是否这段关系中还留有任何一丝温暖？然而，你无力改变现状。

减字木兰花·春怨

独行独坐，独唱独酬还独卧。伫立伤神，无奈轻寒著摸人。

此情谁见，泪洗残妆无一半。愁病相仍，剔尽寒灯梦不成。

某个夜晚，丈夫喝醉回家，身体散发着酒气和污秽，他将卧房弄得一片狼藉，甚至还当着你的面嚷嚷着要纳妾。你再也无法忍受这一切，终于忍不住向他发泄所有的怨言。没想到，怒火中烧的他动手打了你。这次暴行，像一记惊雷，彻底打破了你内心最后的坚持与忍耐。

你回到了冷清的屋子里，泪水滑过脸庞，无法再安抚那颗破碎的心。那一刻，你感到深深地无助与孤独。于是你把自己内心的痛苦与失望寄托在了诗句中：

愁怀

鸥鹭鸳鸯作一池，须知羽翼不相宜。

东君不与花为主，何似休生连理枝。

这首诗是你心底的呐喊，你像池水中的鸳鸯，双翅已不再能飞翔，心中的爱已无法再生长。你明白，这段婚姻注定无法再修复。你已不能再忍受这无尽的屈辱与痛苦，你决定离开，从此再也不回头。

清人况周颐在《蕙风词话》里说，你的诗句很像是“讽夫纳姬之作”。你的夫君纳妾时，也许还冠冕堂皇地找过理由，说你朱淑真过于沉迷笔墨，不关心夫君云云，才有了下面的《自责二首》。

自责二首

女子弄文诚可罪，那堪咏月更吟风。

磨穿铁砚非吾事，绣折金针却有功。

闷无消遣只看诗，不见诗中话别离。

添得情怀转萧索，始知伶俐不如痴。

你站在朱家园林的廊道里，阳光依旧照耀着你曾经深爱的庭院，而你已不再是那个曾经心怀希望的少女。你决定不再为过去的痛苦停留，离开这段死水般的婚姻，走向自己新的生活。

你净身出户，彻底离开那段令你伤心至极的婚姻，只挎着一只青布包裹，迈出钱塘城南朱家园林的大门。

摆脱婚姻牢笼的你，应当时名冠朝野的才女魏玩之邀，前往汴梁。几经辗转，你终于抵达了这座繁华的都市。汴梁街巷车水马龙、酒肆茶坊林立，商贾往来之熙攘，与钱塘江畔的闲适自有截然不同的韵味。

那一日，风雪初霁，你在魏玩府邸门口停下脚步。红漆大门庄重肃穆，门环敲响时，仿佛叩开了新的人生。大管家一声通报后，魏玩步履轻盈地迎出门来，面带惊喜，上前紧紧握住你的双手："淑真妹妹，可算把你盼来了。且把风雪抖去，随我进屋暖暖身子。"她的声音里带着既热情又亲切的关怀，如同久别重逢的亲人。你抬头看她，心中涌出一股暖意，仿佛那些苦难、离别与无奈，已在这一刻被微雪覆盖。

魏玩视你如同姐妹，不仅给你安排了宽敞的房间，还常邀你参与她的诗酒唱和，陪同她交游宴乐。魏玩是个性情豪迈又洞悉人心的女子，她对诗词艺术有着近乎痴迷的热爱，与你是一拍即合。她笑称："此地虽喧闹，却最能见人性之真。淑真妹妹，你可要在此放开胸怀，莫再让过去的阴霾束缚了。"

在一次盛宴上，歌舞伎的丝竹声极其动听。低回婉转的乐声中，舞姬们腰肢款摆，衣袖翻飞，引得满座宾客拍手叫好。魏玩回身轻声对你说："如此轻歌曼舞，怡人之至。小妹可否依韵赋诗一番？"你莞尔一笑，端起酒杯略加思忖，便提笔写下了一首"满"字韵的诗：

会魏夫人席上命小鬟妙舞曲终求诗于予以飞雪满群山为韵作五绝·其三

柳腰不被春拘管，凤转鸾回霞袖缓。

舞彻伊州力不禁，筵前扑簌花飞满。

热闹、人声、歌舞，这些昔日你难得领略的场景，如今却日日围绕在你的身边。那颗被婚姻伤透了的心，竟也在此渐渐舒展开来。你开始重新拾起对生活的热爱与创作的激情。“或许……人生总有重新来过的机会。”你倚着朱栏，望向汴梁城中万家灯火，在心里轻声告诉自己。

就在你沉浸于这多彩生活时，命运再次给你带来意想不到的机缘。在魏玩的圈子里，你遇到了故乡时便相识的发小——此人曾是你年少时相熟的蓝颜。你们原本久无联络，谁料阴差阳错在汴梁重逢。

初见时，你们只是寒暄问候，礼节性地举杯对饮。可随着几次深谈，你们的回忆与情谊像井中涌出的清泉，越见甘甜。夜宴散后，你们携手漫步在汴梁城的灯市间。那一路灯笼华彩，照亮了你们脸庞，也点燃了彼此心底那曾被岁月尘封的情感。

某个夏日，你们相约同游藕花湖，碧波荡漾，荷花正盛。黄梅细雨中，你们举伞并肩，取道湖边石径，雨声淅沥，心声悄然而动。在湖畔凉亭，你将心意付诸笔端，写下了《清平乐·夏日游湖》：

清平乐·夏日游湖

恼烟撩露，留我须臾住。携手藕花湖上路，一霎黄梅细雨。

娇痴不怕人猜，和衣睡倒人怀。最是分携时候，归来懒傍妆台。

这句“娇痴不怕人猜，和衣睡倒人怀”的大胆表白，带着不顾一切的热烈。你忘却了世俗的偏见，只想在这个人怀中，酣畅地做一场无忧无虑的梦。然而，此时理学正盛，一个离异女子，一个女词人，就这么光明正大地描写与情人相处，是何等惊世骇俗，不为人所容啊！流言蜚语四下而起，“有失妇德”的批评也随之而来。但那些伪善的论调、刻薄的流言，你已不想再听。过往的种种伤痛，仿佛都能在你们紧握的指尖间化解。

（三）

时间的脚步从不会因甜蜜而止步。更大的时代洪流正滚滚而来，呼啸着淹没汴梁城的盛世繁华，暗潮开始涌动，战乱的消息不胫而走。此时的你正与他情深意浓。在夏夜的清风里，你们把酒共赏明月，互诉衷肠，仿佛可以将人世的纷扰都隔绝在灯火阑珊处。可是，战乱如虎，骤然迫临。那一日，烽火骤起，城门紧闭，街巷狼藉。人潮蜂拥逃难，你和他于慌乱中被涌动的人流冲散，再也寻不见对方的身影。

你被裹挟着，在动荡中奔走，惊惶与焦虑煎熬着你。喧嚣的人群仿佛吞噬了每一个孤单的灵魂。待到尘烟散去，身畔已是陌生的人群，你茫然四顾，却已经失去了他。

战火的阴影笼罩着汴梁，曾经的歌舞升平已成回忆。你独坐在魏王府中残破的厅堂里，心如死灰。灯花微跳，火光摇曳中，你想起他，想起那场藕花湖畔的夏日细雨，也想起你们最后一次把酒对月的深情。

人生无常，你曾经以为可以不惧人言，勇敢拥抱心之所向，却终究敌不过动荡与离乱。

你用颤抖的手握住笔，试图写下相思，却发现比起前尘旧伤，这份突如其来的离散更是剜心蚀骨。夜风吹拂，吹乱了桌案上的纸页，你仿佛又看见他含笑的脸，又听见那夜的琴歌绕梁。泪水不知不觉就落了下来。

或许，这就是你当下的宿命。这一路，你已历经浮世苍凉，却始终在诗句里保留着灵魂的倔强与温柔。

自汴京战乱开始，你在颠沛流离中艰难度日。最初，在魏玩身边的安稳与热闹，渐渐消散于炮火硝烟里。你深知，当下的汴京已无法再给你容身之所。你思索再三，唯有一个归途：回到那座江南故宅，回到父母身边。或许，血脉亲情还能为你的伤痛提供一方净土。

那日，秋风瑟瑟，你拖着略显破旧的行囊，终于踏进了钱塘城南的朱家园林。你满心期待曾经的温柔迎候，然而映入眼帘的，是大门紧闭、气氛冷峻。父亲铁青着脸，母亲双目含泪，看你的目光中，既疼惜又带着痛恨。你察觉到气氛不对，一时间不知如何开口。终是父亲冷冷地问：“你还有脸回来？”

你知道，他们无法原谅你——你曾“将父母之命、媒妁之言的婚姻一脚踢开”，又在汴京与人言传暧昧。此刻，你灰头土脸地站在屋檐下，想诉说自己的境遇，却难以出口。

你想，不论是从前那段婚姻，还是汴京那段“风流往事”，都足以让父母在族亲面前抬不起头。你低垂着眼眸，感觉到那些落在你身上的视线，既陌生又轻蔑。过往留在园林里的喜乐记忆，刹那间变得格外遥远。

你被父母禁足于后院，偶尔有丫鬟送些汤药，却也只是冷漠地例行公事。偌大的朱家园林里，你似乎成了被遗忘的影子。

昔日无忧无虑的你，此刻心似枯井。满腹忧愁无人可诉，周围满是流言与非议。邻里窃窃私语，你每每听到那些关于“失节”“败坏门风”之类的话，心中惶然，又带着自责与委屈。夜深时，你时常被噩梦惊醒，独自在漆黑中湿了枕巾。

就在这难熬的长夜里，你写下了一阕《浣溪沙·春夜》，将你陷入无边寂寞的心绪刻画得淋漓尽致：

浣溪沙·春夜

玉体金钗一样娇。背灯初解绣裙腰。衾寒枕冷夜香消。

深院重关春寂寂，落花和雨夜迢迢。恨情和梦更无聊。

词句中，依稀可见从前的娇贵与温柔，如今却只能在背灯孤影中自叹人生无常。

之后，你病痛缠身，时常咳嗽不止。那些曾被你当作生命之光的诗词，如今也难以驱散心底的阴霾。

心思煎熬之间，你写下更多带着“断肠”味道的诗词。某一日夜里，你倚窗听见庭外隐隐传来横笛声，悠扬缠绵，却如一把刀剜在你心头。你摸出纸笔，留下了一首《中秋闻笛》：

中秋闻笛

谁家横笛弄轻清，唤起离人枕上情。

自是断肠听不得，非干吹出断肠声。

外面的笛音或许婉转悠长，但对你而言，只会撕扯出对旧日情人的回忆。那段失散的爱情，如同枯叶旋进秋风，无处寻回；曾经的昂扬勇气，也在周遭的冷漠里被消磨殆尽。

关于你人生的结局，自此有了两种传说。但无论哪种说法，你终是香消玉陨，带着满腔的委屈与无奈，消失在了历史的流光之中。

你走后，父亲的怒气并未散去。他将你生前所作的诗稿尽数投入烈焰，仿佛要用火焰来湮灭“家门不幸”的一切痕迹。可是，在这关键时刻，仍有人愿意为你奔走。那个叫魏仲恭的人，不忍如此才情就此泯没，四处遍访知情者，千方百计搜罗你的佚稿。终于，他将仅存的那些诗篇编辑成册，命名为《断肠集》，使得你那些饱含爱恨纠葛的文字得以流传至今。

是啊，你的一生注定坎坷，却也因为这份才情在后世留下印记。或许，世人会以不同的目光审视你的经历：有人认为你放纵不羁，有人怜惜你在时代和人情束缚中的挣扎。但无论如何，那份对自由与真爱的坚守，那股敢于冲破桎梏的勇气，都曾实实在在地绽放在这片古老的土地上。

是的，你的故事，到这里就结束了。

一口气概述

她的名字，叫作朱淑真。

朱淑真最刺痛我的地方，是她始终没有等到属于自己的时代。我们总爱说她和李清照并称“宋代词坛双璧”，可李清照至少痛快地笑骂“至今思项羽”，而朱淑真连痛哭都要蒙着被子；李清照在“赌书消得泼茶香”时，朱淑真却在给丈夫缝补官袍上的破洞。针尖扎进指腹的瞬间，血珠和墨汁同时落在《自责》诗里——“女子弄文诚可罪”。但她的笔停不下来，就像春天的柳条总要抽芽。她写圆房时的屈辱，写守岁夜的孤寒，写那些连闺中密友都不敢透露的心事。在八百年前的油灯下，这个把墨纸藏在妆奁底层的女人，让我想起小时候在老家阁楼发现的姑婆的绝笔信——发黄的信纸里锁着半生叹息。

她是世人眼中的才女，公婆心中不安分的儿媳，这些标签在八百年后都褪成了模糊的剪影。唯有那些从火场边缘幸存的词句，仍在传递着灼人的温度。也许，最残忍的不是她父母焚毁诗稿，而是他们连诗稿的灰烬都要倒进后院的枯井里。但井底青苔年复一年漫上来，终于化成了《断肠集》里的诗句。如今我们读“独自倚栏杆”，看见的不再是伤春悲秋的才女，而是一个被困在重重朱门帘幕后的灵魂，看到她正用龟裂的指甲在楠木屏风上刻下生命的碑文。

人们常说：赋到沧桑词便工，但这不是她们的意愿，她们只是被命运选中，身不由己。以女子的躯壳红尘行走，牢固的枷锁和困境，带来的是更深重的苦难，行走坐卧万千孤愁的血泪吟诵，是无处释放的情感与呐喊。在这些文字里，她们为自己创造了一个小小的窗口，为的是去感受、去表达、去寻找生命中的一线光明。但这种从痛苦中提炼出来的力量，根本不值得歌颂。只是，这真诚而大胆、惊骇世俗的书写提醒我们：脆弱与孤独同样是值得记录的生命体验。这抹纸墨洇染的点点泪痕，何尝不是女性自我意识的觉醒与表达？正是这种“柔韧的抗争”，以微弱的发声拮抗了遗忘，织成了女性集体记忆的经纬与脉络。

朱淑真的一生，是封建时代才女命运的缩影，她的挣扎与突围、脆弱与坚韧，为现代女性提供了多重镜像：在珍视当下自由表达与发展机遇的同时，也要警惕新型规训的束缚；既要敢于打破宿命的桎梏，也要学会凭借智慧超越时代局限。正如其词作中“宁可抱香枝上老，不随黄叶舞秋风”的宣言，这种在困境中坚守女性自我内心价值的精神内核，始终是跨越时空的永恒力量之源。

欧阳修

写出《醉翁亭记》的我，一生过得也不是很顺畅

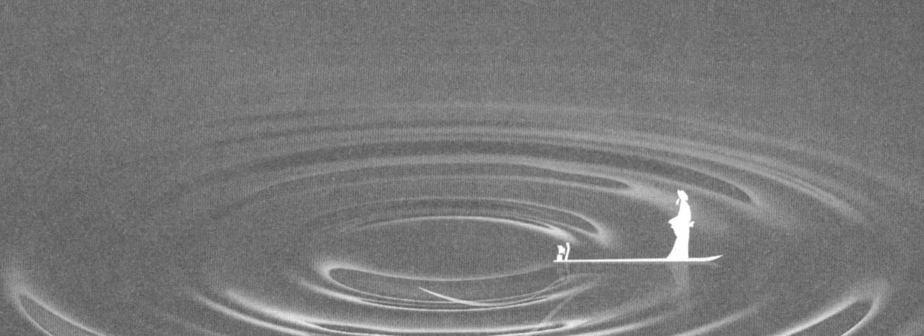

题记

他以天地为心，以笔墨为剑，纵横经纬之间，开创千古清明气象。

欧阳修，字永叔，自幼贫寒，却以文名贯穿宋朝三代。他纵情山水，号称“醉翁”，仕途起伏，终以赤诚初心照彻庙堂。

他以一支妙笔振兴文风，提携后辈，成就唐宋八大家的浩然声名；又以洒脱的胸襟，笑对俗世沉浮，留予世人无尽慨叹与向往。

（一）

你的名字，叫作欧阳修。

景德四年（1007），你出生在绵州（今四川省绵阳市），那是一个群山环抱、江水清冽的地方。你降生在寅时，天色微明，伴随着几声悠远的晨钟，仿佛在向世人宣告你的到来。

大中祥符三年（1010），你四岁。这一年，父亲在病榻上看着你，一双年老却犀利的眼眸中，满是对你未来的期许。然而，天不遂人愿，他最终还是离你而去，留下尚在懵懂的你和母亲、兄妹。母亲那日没有哭出声，只是轻抚你的头，对你轻轻地说："我们走吧，去随州投奔你叔叔。"你心里纵有悲恸，却不敢让母亲察觉，只能紧握她的手，默默地跟随。

你来到随州（今属湖北省）时，仍是个稚嫩的孩子。这里与绵州山水异景截然不同：淡黄的泥墙院落、蜿蜒的街巷、集市上人声喧闹。叔叔欧阳晔做推官已经二十五载，清廉刚直，家中上无高堂大宅，下无丰盛余粮。你与母亲、兄妹只能寄人篱下。母亲以针线为生，偶尔在街头摆个小摊，替人缝补衣物，用辛劳换得一点碎银。你在昏黄的油灯下，看着母亲忍住困乏挑灯缝纫的身影，幼小的心灵中第一次对生活的艰辛有了深切体悟。

冬夜里，寒风呼啸。叔叔为官清正，家境清贫，难以提供多少学习资源。幸而母亲曾生长于江南名门望族，知书达理。她不忍看你荒废学业，便带着你走到院子后的空地上，指着沉睡在暗夜中的几丛荻花，说："你看，哪怕没有笔墨，也一样可以学。"你半信半疑地看着她拿起一根荻草，蹲下身子在沙地上写下歪歪斜斜的字，温柔的目光落在你的脸上："来，跟着母亲写。"

你握住那根略显粗糙的荻秆在地上画起来，沙子划出"沙沙"声，恰似贫寒岁月里动人的乐章。

你的少年时光，正是寒冬与希望交错。买不起书，你就满城借书、抄读；书页破损，你就修补后再细细品味；有时还要帮家里干点零活，或者举起荻草，耐心在沙地上不停地练字、背文。叔叔看着你沙地上纵横的痕迹，露出少见的笑意："不愧是我欧阳家的孩子，勤读苦学，这才是正道。"他或许是少言寡语，但这寥寥数语足以成为你心中燃烧的火焰。

这些年，生活虽艰，却未能阻挡你的才情日渐丰盛。借来的一卷诗文，你翻阅数十遍；母亲或为你在油灯下轻声讲解，或带着你漫步在街头巷尾，描述市井百态。你的诗赋下笔如成人，寥寥几句便见雄奇之姿，乡邻皆为之惊叹。可在你的眼中，自己只是个背着荻秆、穿行于随州街市之间的小小少年。你记得母亲温柔的神情，记得自己内心对于学问的渴望——如同深井中的清泉，虽居黑暗，却跃跃欲出。

日后，你会成为文坛"唐宋八大家"之一，会以"醉翁"之号闻

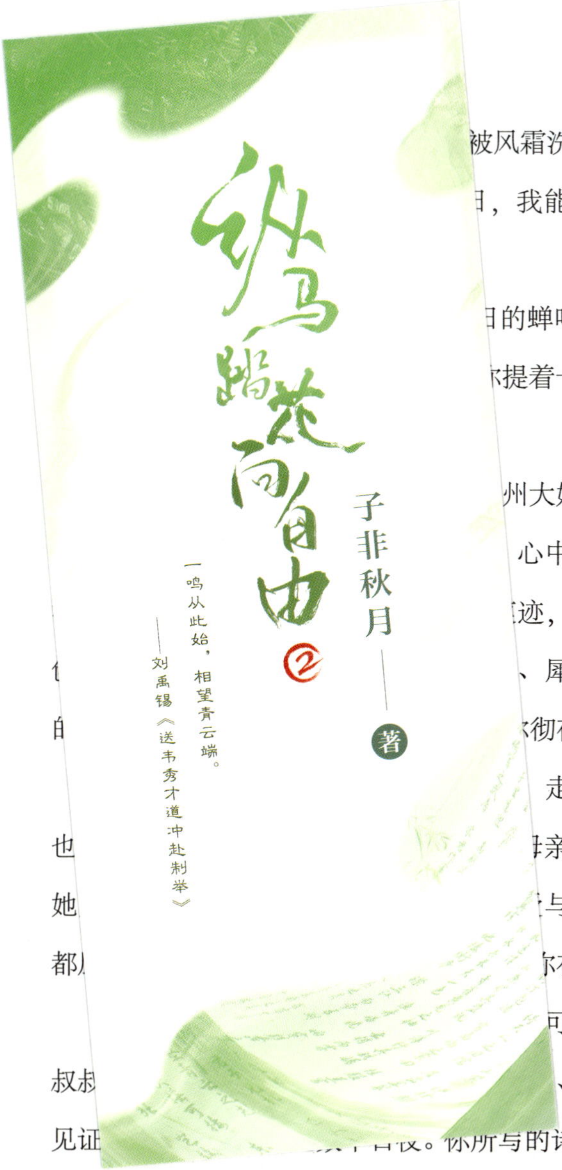

被风霜洗礼、怀抱远大理想的孩子。

日，我能将这世间的繁华与人情都

日的蝉鸣连绵不绝，炽热的阳光洒

你提着一只竹篮，跟在母亲身后，

州大姓李氏家里借来的那部《昌

心中却盛满激动与欢喜。你津

迹，仿佛触碰到千年前韩愈开

也 、犀利的见解，如幽暗中突现

的 你彻夜难眠，手不释卷。

走到你身边：“读书虽好，

也 母亲的鬓边又多了几缕白发，

她 与隐忍，仿佛将所有的艰辛

都 你在书里遨游。

可是自幼父亲早逝，母亲与

叔叔 、一盏油灯、一只旧竹篮，

见证 日夜。你所写的诗赋，言辞清丽，意境宏远。

那一日黄昏，叔叔凝望着你的手稿，脸上浮现少见的激动。他缓缓转过身，对你母亲郑重说道：“嫂无以家贫子幼为念，此奇儿也，不惟起家以大吾门，他日必名重当时。”（欧阳发《先公事迹》）

母亲听罢，只是轻轻点头。她收起心中那份沉重的忧虑，看向你时，眼里闪着温柔与坚定，仿佛在暗暗回应叔叔：“我的孩儿，将来定会不负期望。”

（二）

天圣元年（1023），随州的初夏，空气湿润，绿意盎然。那一年，你心怀壮志,携带着一腔热血和对未来的憧憬,踏上了参加乡试的旅途。你背负着父亲未曾见证的期许，带着母亲的叮咛，坐上了去往考场的马车。你对自己充满信心，确信这次定能脱颖而出，考取功名，改变家族的命运。

考场上，你挥笔疾书，思如泉涌。你交出了自己最得意的作品，文辞华丽，气势恢宏，犹如剑拔弩张的江湖侠客，意气风发。然而，命运似乎不曾眷顾于你。尽管你的文章才情横溢，广受周围人的称赞，却因赋不合官韵，最终在进士考试的第一道关口折戟。你不甘心地看着试卷，心中的自信与骄傲瞬间化作深深的失落。

几个月后，你回到随州，回到那个狭小的家中，面对母亲期许的目光，心中愧疚不已。你没有再提起那次失败，也未曾让母亲知道自己失意的心情。你偷偷在寂静的夜晚，反思那次落榜。

你终于意识到，自己那股过于自信的气焰，是多么幼稚与狂妄。

你开始明白，那个你曾轻视的庙堂，并不是那么容易征服的。

天圣四年（1026），你再次踏上了考场，这一次你不再有那股年少的狂妄，而是带着深深的反思与从容的心态，准备迎接即将到来的挑战。尽管如此，你的努力依旧未能迎来属于自己的成功，第二次科考仍旧未能通过。两次的失败，让你更加冷静，也让你彻底意识到自己原有的文风并不适应当时的科考要求——华而不实的骈文，才是那时的主流。

而这一次，你决定用另一种方式去面对这一切，学会与庙堂共舞，学会变通。你带着自己的文集，拜访了汉阳的最高行政长官，翰林学士胥偃。

胥偃初见你时，却被你文章中的潜力深深地打动了。你所展现出来的才华和思维，就像是埋藏在泥土中的一颗明珠，闪烁着难以掩盖的光辉。

“你这孩子，真是个奇才，”胥偃感慨万分，眼中泛着光，“若是能稍加磨砺，将来必定会声名大噪。”

他不仅手把手教你如何书写“时文”，还把自己的女儿许配给你，他说，等你考取功名后，便让你们二人成婚。这一刻，你感受到前所未有的温暖与鼓舞。你不再是孤军奋战，而是有了一个明智的导师，有了一个可以依靠的支撑。

天圣八年（1030），你再次参加礼部的省试。在胥偃的帮助下，你成功地冲破了层层考验，一举获得了第一。你终于走到了科举的巅峰，殿试的大门也终于向你敞开。

而你带着满腔的自信与豪情，迈进了殿试的考场。你觉得，这次状元的宝座非你莫属。毕竟，你已经在“小三元”的舞台上尽情展现过自己的才华，觉得自己已经无可匹敌。

你在家里准备了一件特别的“状元袍”，那是你精心挑选的绸缎，镶嵌着精美的金丝，刺绣着瑞气祥云，代表着你心中的梦想。你甚至能想象，穿上这袍子，走上领奖台时，全场的目光都会集中在你身上，所有人都会为你的才华所折服。

然而，现实往往不会按照预期的方向发展。有一个人叫作王拱辰，是跟你同届的考生。他这家伙，居然在你毫无防备的情况下，偷偷穿上了你为自己准备的状元袍，嘻哈大笑道："哈哈，我穿上'状元袍'，就是状元了！"

这一句话，就像一把利剑直插你的心脏，嘲弄了你那份不加掩饰的自信与狂妄。你想拿回来，但是马上就要考试了。

没办法，你只能挺直了腰杆，步入考场，奋力作答，但当你拿到成绩单时，你却发现，自己的名字与状元擦肩而过——甲科第十四名，二甲进士及第。你心中一阵空荡，是不是因为过度的自信，成了考官眼中的刺呢？

事实果然如此，当时的主考官晏殊曾说，欧阳修“锋芒过露”。是的，你那股张扬的气焰，最终被现实狠狠打击了。

不过，这一切并没有让你退缩，反而给了你更多的动力。你开始反思，不是每个锋利的剑锋都能横扫千军，也不是每一篇文章都能打动所有人的心。

尽管未能一跃成为状元，但你依然获得了不错的名次，这使你迅速进入了朝廷的视野。天圣八年（1030）五月，你被授予西京留守推官的职位，踏上了全新的征程，开始了新的生活。

（三）

天圣九年（1031），你到达洛阳。这个古老而繁华的城市，曾经是无数文人梦寐以求的地方，烟柳画桥，繁花似锦。你从乡村来到这里，内心的激动难以言表。

在这座城中，你认识了许多志同道合的朋友。梅尧臣、尹洙等文人雅士成了你无话不谈的知己，大家常常在酒馆里一边饮酒，一边畅谈诗文与政事。你开始享受这种与朋友共度的时光，人生似乎变得不再单调，思想与艺术的碰撞让你感到一种从未体验过的自由。

工作的轻松与愉快，生活的丰盈与舒适，让你不再那么急于求成。你知道，成功的意义不只是获得外在的荣誉，更是在这些岁月中收获友情、智慧与宁静。你不再那么执着于功名利禄，而是将更多的心思放在如何在这片文化的沃土中深耕，如何真正成为一个有内涵的人。

在洛阳，你结识了许多文人，其中一位令你特别敬仰的便是你的上司——西京留守钱惟演。钱惟演比你年长三十岁，作为“西昆体”

的代表人物之一，他在文学上的造诣极高，且为人谦和、宽厚。他和你志趣相投，常常在闲暇时共饮共谈，互相切磋诗文。钱惟演对你的才华极为欣赏，视你为后辈中的佼佼者，而你也从他身上学到了许多关于文学与处世的智慧。

同年，你迎娶了胥偃之女为妻，婚礼简朴却不失温馨。你和胥氏的结合，仿佛命运的安排，她贤淑温婉，与你志同道合，婚姻中的默契让你充满了对未来的希望。你们一起筹划着未来的生活，期待着一段平凡而美满的人生。

明道二年（1033），这一年你正值意气风发，却不得不面对命运的无情捉弄。你未满月的儿子和你的妻子胥氏一同早逝，这一打击让你心如刀绞，深感人生无常。

失去亲人的痛楚无法用言语表达，而你不得不继续前行。生活，似乎总是充满了考验，然而，正是在这种磨砺中，你学会了坚强，学会了珍惜眼前人，珍惜每一个平凡却美好的瞬间。

同年四月，范仲淹调任京城，成为谏官。你心中一直崇敬这位长辈，你写信给他，信中言辞真诚且带有一丝调侃，你写到："范大哥，恭喜您任职谏官，谏官虽职小，责任却大，若失职，便为君子所不齿。我一直都认为您是君子，您才是我们心目中的榜样。"你将你的言辞直率与对范仲淹的期许展现得淋漓尽致，虽然语气轻松，但其中满是对范仲淹的敬仰与对国家未来的关切。

信件送达后，范仲淹阅读之际深受感动，他觉得你不仅为人直率，更有着一颗赤诚的心。你们之间的友情，在这封信的字里行间中愈加深厚。

而今，你已经渐渐在洛阳站稳了脚跟，开始以“古文”之名，逐步在文坛上崭露头角。你与梅尧臣、尹洙、苏舜钦等人的交往愈加频繁，文学上的切磋逐渐成为生活中的一部分。这座城市见证了你的成长，而你，也在这片古老的土地上播下了属于自己的文化种子。

景祐元年（1034），你刚刚结束了西京的任期，归返襄城，准备迎接人生的新篇章。洛阳的春风渐渐远去，你即将离开曾驻足的地方，你知道，这一去，便是彻底告别了那段温文尔雅的生活，告别了诗酒为伴、文人交游的日子。

临行前，你站在洛阳的楼阁之上，目送春光渐行渐远，心中充满了淡淡的哀愁。你深知，这种告别并非人生的终点，而是新一段旅程的开始。你写下了那首广为传颂的《玉楼春》：

玉楼春

尊前拟把归期说，欲语春容先惨咽。

人生自是有情痴，此恨不关风与月。

离歌且莫翻新阕，一曲能教肠寸结。

直须看尽洛城花，始共春风容易别。

这首词中，满是你对洛阳的眷恋与不舍。那“此恨不关风与月”的情感深邃且有力，仿佛将离别的痛苦与不甘浓缩成了几行字。你知道，自己并非对风月有情，而是对那些已成为过往的岁月、那些在这座城市留下的印记情有独钟。

景祐三年（1036），你再度站在人生的十字路口。范仲淹因进献《百官图》时言辞激烈，触怒了宰相吕夷简，遭到罢黜，被贬谪至饶州。

这一事件激起了朝野的广泛讨论，许多人为范仲淹辩护，然而，并非所有人都是仗义执言。高若讷，作为谏官，居然公开讥讽范仲淹，认为他因直谏受贬，是“罪有应得”。你一直崇敬范仲淹，敬佩他的直谏与敢于担当，而高若讷的言论，让你无法容忍。

你心头火起，便以笔为剑，写下了脍炙人口的《与高司谏书》。

你没有一丝迟疑，直接以笔锋指向高若讷，你写道：“足下犹能以面目见士大夫，出入朝中称谏官，是足下不复知人间有羞耻事尔。”这句沉痛的反讽，直击高若讷心脏，震动了朝廷。你直白而有力地揭示了高若讷的丑陋与虚伪。

这篇文章迅速传遍了整个朝廷，激起了广泛的讨论。范仲淹虽然被贬，但你的文字为他发声，也为那些秉持公正的人发声。然而，事后你也深知，这封字字珠玑的檄文，不仅让你成了朝廷内外的焦点，也让你陷入了政治斗争的旋涡。

不久之后，你被贬为夷陵（今湖北宜昌）县令，这是你仕途中的第一次贬谪。你第一次体会到政治斗争的无情与残酷，也第一次真正感受到权力与名利之外的孤独与冷酷。

（四）

景祐四年（1037），你三十一岁。在这座远离京城的偏远之地，你开始了人生的新篇章。这里风景荒芜，山川瘦弱，人与人之间的联系被这片贫瘠的土地撕裂，时间仿佛静止在某一时刻，漫长而寂寞。你曾在给朋友的信中吐槽这里的花开得晚，犹记得你早年在洛阳的繁华与温暖，但这种思乡情感也未必令人感到羞耻。你写道：

戏答元珍

春风疑不到天涯，二月山城未见花。

残雪压枝犹有橘，冻雷惊笋欲抽芽。

夜闻归雁生乡思，病入新年感物华。

曾是洛阳花下客，野芳虽晚不须嗟。

这几句诗歌，把你心中的愁绪与不甘表现得淋漓尽致。你怀念的是洛阳那片繁花似锦的景象，是那份温暖与热闹；然而，面对这片冷清的夷陵山水，你只能感叹“野芳虽晚不须嗟”。那些曾经的光景，仿佛一场梦，而如今你只能站在天涯的尽头，回望那遥不可及的洛阳。

然而,尽管这里的生活艰难,你依然不失为一个责任感强烈的官员。在夷陵的这三年，你以宽厚仁爱为政，努力整顿吏治，赢得了民众的敬爱与信任。

尽管前两任妻子的相继去世使你心力交瘁，但你仍然迎来了新的开始，迎娶了第三任妻子薛氏。这个新家庭带给了你一些慰藉，也让你重新审视了自己的一生。

正是在夷陵的岁月里，你逐渐放下了曾经的“逸老”外号，那是你年轻时因骄奢玩乐而获得的称号。如今，你已经不再是那个冲动骄傲的少年，而是一个沉稳的男子，懂得为未来、为责任负重前行。

你曾深情地写下《生查子 · 元夕》来悼念已故的妻子，那首词深情款款，抒发了你内心的痛楚与失落:

生查子·元夕

去年元夜时，花市灯如昼。月上柳梢头，人约黄昏后。

今年元夜时，月与灯依旧。不见去年人，泪湿春衫袖。

那种岁月的流逝与无可奈何，宛如这首词中的悲凉，满载了思念与无尽的感伤。你写到“去年元夜时”，那些曾经的美好，如今却成了空洞的回忆，“泪湿春衫袖”也勾画出了你内心的无尽痛楚。这种痛，虽无言，却让人感同身受。你站在曾经的地点，想象着她依然在那里等着你，然而她早已不在，月亮和灯火也无法为你填补那份空缺。

在夷陵的岁月里，你不仅在心灵上得到了洗礼，也在政务上更加得心应手。你反思自己年轻时的放纵与冲动，终于下定决心要改变过去的生活方式。在这片冷清的山水间，你决定做一个有责任心的人，一个能够严于律己、公正无私的官员。你的决定，并非一时兴起，而是经过了长时间的思考与反省。

夷陵的三年，你在这里深刻反思并成长，学会了如何更加细致地治理一方土地。你习惯了不仅在“道德文章”中追求完美，更在实际的吏治事务中实践自己的理想。这段岁月使你得以“周达民事，兼知宦情”，而你立誓“自尔遇事不敢忽也”，这句话成为你未来人生的座右铭。这段时间不仅塑造了你的政治智慧，也让你的人生变得更加厚重与深刻。

康定元年（1040），你已经三十四岁。你的人生，经历过京城的风华，也走过了夷陵的孤寂。如今，你再一次回到京城，受命担任馆阁校勘，负责编纂《崇文总目》。虽然你只是一个编书的官员，没有什么权力，但你的公忠体国之心始终没有停歇。

这个时候，时任枢密使的恩师晏殊在自家花园里举行了一场盛大的宴会，宴会的主题是咏雪与赋诗。你被邀请参加，然而，面对这场盛大的宴会，你不愿随波逐流。你不是一个可以轻易被宴会氛围带动的人，尤其是在这风雪交加的日子里，你深知国家的安危才是最需要关注的事情。

那时，边关将士正在经受寒苦，你怎能忍心让这些冷眼旁观的热闹遮掩了他们的艰难困苦呢？于是，你挥笔写下一首《晏太尉西园贺雪歌》：

晏太尉西园贺雪歌

阴阳乖错乱五行，穷冬山谷暖不冰。
一阳初出在地上，地下谁与万物萌。
太阴当用不用事，盖由奸将不斩亏国刑。
遂令邪气伺间隙，潜中瘟疫于疲氓。
神哉陛下至仁圣，忧勤悬祷通精诚。
圣人与天合一体，意未发口天已听。
忽收寒威还水官，正时肃物凛以清。
寒风得势猎猎走，瓦乾霰急落不停。
恍然天地半夜白，群鸡失晓不及鸣。
清晨拜表东上合，郁郁瑞气盈宫廷。
退朝骑马下银阙，马滑不贯行瑶琼。
晚趋宾馆贺太尉，坐觉满路流欢声。
便开西园扫征步，正见玉树花凋零。
小轩却坐对山石，拂拂酒面红烟生。
主人与国共休戚，岂惟喜悦将丰登。
须怜铁甲冷彻骨，四十余万屯边兵。

你认为，晏殊作为负责谏议的长官，应该关心战士们在寒冷中坚守的艰难，而非在自家的花园中与文人们把酒言欢。你毫不客气地将这种与时局不符的娱乐写进诗中，表露了你对国家命运的深切关怀。

庆历三年（1043），在这充满动荡与变革的时代，皇帝终于将你提拔为谏院主管，负责评议百官施政得失，作为皇帝决策的参考。这一任职让你更为坚定地走上了对错分明、刚正不阿的道路。

你在谏官的位置上如鱼得水，行事雷厉风行，毫不妥协。你立刻开始了一系列的改革举措，并撰写《论按察官吏札子》，提出对地方官员进行考核，并清除那些不称职的官员。你毫不留情，直指政坛大腕吕夷简，并公开指责一系列官员的腐败与失职。

你的上书直击时弊，提出的改革内容多达十卷，这些奏疏不仅关注吏治、军事改革，还涉及贡举法的改进。

庆历四年（1044），你已在各项事务中取得了显著成效，深得皇帝信任。然而，庆历新政的改革虽如潮水般波澜壮阔，随之而来的是越来越大的压力。范仲淹领导的改革在一定程度上遭遇了激烈的反对，你的上书言辞犀利，直指朝廷弊端，但也因此得罪了很多官员，招来了政敌。许多人把你和范仲淹视为眼中钉、肉中刺。正如《宋史·欧阳修传》记载："修论事切直，人视之如仇，帝独奖其敢言。"

庆历五年（1045），范仲淹等新政派的大将接连被贬，你深知自己在这场风波中的角色。在面对新政的失败时，你一方面以"自劾乞罢"的态度与他们同退，另一方面又上书陈述新政失败的责任和原因。这时的你，已经不仅是政治斗争中的一员，更是一个敢于直言、对历史负责的人。

即便面对诸多压力与反对，你始终坚持发声。你也因此成为"群邪"眼中的靶子，被诬陷和自己的外甥女张氏有染。虽然后来经过查证，证实此事纯属造谣，他们还是找借口把你排挤出了朝廷，左迁为知制诰、知滁州（今安徽省滁州市）。

（五）

你离开了京城的喧嚣，进入了滁州这片偏远而贫瘠的土地，开始了长达十年的外放生涯。即使身处这片与时局风云无关的地方，你依然未曾放弃责任，依然心系朝廷、心系国家，像一只游弋的鱼，不论远离多远，总是警觉着水中的每一阵波动。

滁州的日子，对你来说，是一种无法逃避的反思。这里远离京城的繁华与权力的争斗，山水清幽，四季分明，但这份宁静并未给你带来全然的安慰。你怀念洛阳的繁华，也无可避免地感受到自己的疏离与无力。但你没有屈服于自己的处境，而是用心书写，思考国家大事。所以在那里，你写下了《醉翁亭记》。

醉翁亭记

环滁皆山也。其西南诸峰，林壑尤美，望之蔚然而深秀者，琅琊也。山行六七里，渐闻水声潺潺而泻出于两峰之间者，酿泉也。峰回路转，有亭翼然临于泉上者，醉翁亭也。作亭者谁？山之僧智仙也。名之者谁？太守自谓也。太守与客来饮于此，饮少辄醉，而年又最高，故自号曰醉翁也。醉翁之意不在酒，在乎山水之间也。山水之乐，得之心、寓之酒也。

若夫日出而林霏开，云归而岩穴暝，晦明变化者，山间之朝暮也。野芳发而幽香，佳木秀而繁阴，风霜高洁，水落而石出者，山间之四时也。朝而往，暮而归，四时之景不同，而乐亦无穷也。

至于负者歌于途，行者休于树，前者呼，后者应，伛偻提携，往来而不绝者，滁人游也。临溪而渔，溪深而鱼肥。酿泉为酒，泉香而酒洌；山肴野蔌，杂然而前陈者，太守宴也。宴酣之乐，非丝非竹，射者中，弈者胜，觥筹交错，起坐而喧哗者，众宾欢也。苍颜白发，颓然乎其间者，太守醉也。

已而夕阳在山，人影散乱，太守归而宾客从也。树林荫翳，鸣声上下，游人去而禽鸟乐也。然而禽鸟知山林之乐，而不知人之乐；人知从太守游而乐，而不知太守之乐其乐也。醉能同其乐，醒能述以文者，太守也。太守谓谁？庐陵欧阳修也。

这篇文章，或许是你在滁州期间心境的一次真正升华。你在文中写道："醉翁之意不在酒，在乎山水之间也。"你并非真的沉醉于酒，而是醉心于眼前的山水，醉心于大自然的无尽深远。这些山水，正如你的心境，它们并不受限于眼前的局限，与你的心灵产生着深刻的共鸣。你写下这篇文章时，或许已经清楚，真正的解脱并非来自他人给予的名誉与职位，而是来自内心对世界的理解与豁达。

在此期间，你并未放弃对政务的反思，仍然频繁上书，言辞犀利，频频直言不讳。尽管你远离了京城，但“处江湖之远则忧其君”的责任感，依旧让你时刻心系国家。

然而，你的坚持，也并非没有代价。范仲淹的“庆历新政”失败，许多曾经的改革支持者被罢免，你也成了批评新政的焦点之一。你为了支持改革，三度上书，弹劾了不少当时的高官，甚至针对自己的老友——将军狄青提出了三次的弹劾。

狄青，他因战功显赫，担任枢密使，但你深知军事权力的过度集中可能带来的危险。在你看来，狄青的军事权力过度膨胀或许会威胁到国家的安定，而你的担忧，最终引发了对狄青的弹劾。

虽然这让你在人们心中留下了“铁面无私”的印象，但你站在政治的高地上所做的一切，都是为了国家长治久安。

庆历七年（1047），你再次被朝廷召回，任命为太常丞和知谏院。你一方面为改革出谋划策，另一方面也以自己的方式纠正那些错失的政务，直言不讳地指出当时吏治、军事、贡举等方面的弊端。你依然以“直言”的姿态为国家发声，这使你成为那些旧势力的眼中钉。然而，命运的波折并未让你退缩。

你从未动摇过自己“修身齐家治国平天下”的信念。这段时间，你先后出任翰林学士、龙图阁学士、枢密副使、参知政事、刑部尚书、兵部尚书等职，但无论在什么岗位，你都发出了耀眼的光芒。

嘉佑二年（1057），你被任命为礼部贡举主考官，负责主持这一届的进士科考试。你站在这片曾经成就无数文人梦想的考场上，心中充满了使命感与责任。

你从小就受到韩愈的影响，积极推动古文运动，而如今，你终于有机会在这片广阔的科举舞台上，用行动继续你对古文的坚持与理想。

当时，北宋的文坛正在被“西昆体”和“太学体”这两种华而不实的文体主导，这些文体不但矫揉造作，且缺乏实质内容。你知道，如果不对这些文风进行改变，文人的风骨与文字的力量将会流于空洞和形式。因此，你决心通过这次科考，彻底改变这一局面，让真正的“古文”成为文坛的主流。你并不拒绝骈文中的某些优美元素，但你知道，古文的平实与自然才是应当推崇的。

你主持的这次科考，不仅是一场对学问的选拔，更是一次文风的改革。那些崇尚“时文”的考生，被你毫不犹豫地淘汰，而那些能够写出古文的考生则全部榜上有名。科考结束后，京城内外的反应是激烈的。有些考生因未能中榜，满腹怨愤，甚至前往你家中砸窗泼粪，写下诅咒你早死的“祭文”。

你深知自己的改革有着巨大的风险，但你依然毫不退缩。你坚持自己的信念，正如你在《醉翁亭记》中写道：“醉翁之意不在酒，在乎山水之间也。”你之所以坚持改革，不是为了个人的荣辱，而是为了国家文化的长久繁荣，为了让文人的笔触回归真实与自然，让文化回归其本质。

这一次科考的结果几乎改变了整个北宋文坛的格局。那些曾经高高在上的文人，主导的流派被你一举推翻，而你所推崇的古文，成功地成了文坛的新风向标。你所选出的那些优秀人才，如苏轼、苏辙、曾巩、程颢、张载等人，也逐渐成为文坛的中流砥柱，他们不仅继承了你的文学理念，更在各自的领域中创造了非凡的成就。你为这次科考付出的努力，成就了北宋文坛一段辉煌的历史。

苏轼，作为其中最为突出的一个，你给予了极高的评价。你曾误将他的试卷认作弟子曾巩的，并将他排在了第二名。虽然这是一次误判，但你并未因此掩盖苏轼的才华，反而在后来的日子里，毫不吝啬地称赞他，并将他视为自己所欣赏的才俊。你对苏轼的评价中，最为著名的便是“老夫当避路，放他出一头地”。这句看似不经意的话，成了成语“出人头地”的源头，也成了后世文人对苏轼卓越才华的致敬。

然而，这次科考的影响不仅仅在于人才的选拔与文风的改革，更在于你为古文运动的坚持与推广奠定了坚实的基础。你利用自己的身份和权力，为古文的复兴点亮了火种，使这一文风成为宋代文学的主流，并影响了之后几百年的文学走向。你不仅是一个学者，更是一个政治家，一个文风改革的引领者。

嘉祐三年（1058），你依旧继续在朝廷中执着地为改革发声，肩负着越来越多的责任与使命。你在文坛上的地位愈发巩固，但你始终保持着那份清醒与淡定。

你从不为个人的得失而动摇，只关注着文风的正气与社会的进步。而你所做的所有努力，最终都化作了宋代文人的盛世风华。你深知，文人的使命不是仅仅为了自身的荣耀，而是要通过文字的力量影响时代，改变社会。

嘉祐五年（1060），你五十四岁，正值人生的一个重要转折点。你晋升为枢密副使，随着职务的升迁，开始真正位列宰执，参与国家的决策。这不仅是你一生仕途的巅峰时刻，也表明你在历经波折后终于在权力的中心占有了一席之地。

然而你深知，这份荣耀背后藏着无数的挑战与考验。你在高位上并未迷失自己，依然秉持着直言不讳、刚正不阿的原则。正因为如此，你与许多权贵产生了摩擦。那些心怀私欲，依赖权谋的小人对你不屑一顾，并将你视为眼中钉、肉中刺。

嘉祐七年（1062），你晋升为正奉大夫，加柱国，赐号“推忠佐理功臣”。荣光在外，但你并不以此为满足，仍然坚持为国为民，直言批评那些违背国家利益的行为。然而，你的直率与刚正，也使你积累了越来越多的敌人，你虽深得皇帝仁宗的赏识，但在仕途上，你的每一步都显得异常艰难。

这份压力与困扰，在治平二年（1065）达到了顶点。你卷入了“濮议”之争，陷入了与御史吕诲等人的激烈斗争中。你一直倾心于蒋之奇的主张，于是擢升他为御史，却因此让蒋之奇被视为“奸邪”。蒋之奇为了保全自己，竟然将你牵扯进一场丑闻之中——他借你妻子堂弟薛宗孺犯事一事，恶意造谣说你与大儿媳吴春燕有染。面对这一场毫无根据的诬陷，你心中五味杂陈，怒火中烧。

你绝不容忍这种名誉的侵害，立刻上奏弹劾蒋之奇，誓言要“死而后已”。你坚信，正义必须得到伸张，事实必须摆在公众面前。你的言辞激烈，毫不退让，仿佛在与整个朝廷的黑暗斗争。你如同一位巍然屹立的巨人，不畏一切压力，誓言要还自己一个清白。

然而，治平四年（1067），宋神宗经过彻查，最终发出“御札”，表明那些弹劾你的言官已被降职，言论完全是虚妄的。神宗告知你，不必再为此计较，可以安心执政。这一刻，你如释重负，虽然名誉得以恢复，但心中的疲惫与无奈无法轻易消散。

这场风波，深深触动了你的内心。你开始意识到，自己这样的直率与刚正，在官场上并非能长久立足的优势。你曾无数次请求辞职，恳求从政坛的风云中退隐，但每一次请求都被拒绝。

熙宁元年（1068），你终于得到了你想要的退职命令，卸下了沉重的政治责任，开始了新的生活。你被任命为兵部尚书，知青州（今山东省青州市），你决定离开政坛，去寻找属于自己的宁静。在这个新的职位上，你依然不能逃脱政务的琐碎与困扰，但内心的那份平静正在慢慢找回。

（六）

熙宁三年（1070），你已经六十四岁。尽管年事已高，身体也早已不如从前，但你依然在为国家的未来和政治局势操心。熙宁变法的风头渐起，朝廷对你这样的资深政治家的看法变得复杂起来。你虽身处青州，远离京城，但依然心系天下，积极为国家出谋划策。尤其是针对青苗钱的改革，你提出了自己的见解，揭示出其中的弊端。你并不是一味否定变法，而是细致入微地分析，提出“抑配”和“俵散秋料钱”两个严重问题。

在此之前，你已经多次上表请求辞官，愿意告别纷繁的政务，回到安静的生活中。然而，命运并未让你如愿。

熙宁四年（1071），你终于得到了朝廷的许可，以太子少师的身份正式退休，归居在阜阳这片宁静的土地上。

回到颍昌的你，给自己取了一个名字——“六一居士”，象征着你的理想和追求：一万卷书、一千卷金石遗文、一张琴、一局棋、一壶酒、一老翁。

熙宁五年（1072），你在颍州的家中安静地辞世，享年六十六岁。你走的时候，留下了这首《绝句》：

绝句

冷雨涨焦陂，人去陂寂寞。

唯有霜前花，鲜鲜对高阁。

这首诗中，透着你对人生的深刻感悟与对命运的平和接受。冷雨洗净了焦陂，曾经的喧嚣与繁华一去不复返，剩下的，只有霜前的花，依然坚持在寒风中盛开，孤寂却依然美丽。这些景象，是你对自己一生的写照——冷静、孤独，但你依旧坚持自己最初的理想。

是的，你的故事，到这里就结束了。

一口气概述

他的名字，叫作欧阳修。

欧阳修是北宋著名的文学家、政治家、史学家和学者，凭借其卓越的政治成就和文学创作，成为中国历史上最为杰出的文化人物之一。

纵观欧阳修幼时丧父、画荻苦读，宦海浮沉、并不顺畅的一生，其实是北宋文人士大夫的缩影，既有庙堂之上的抱负，也有山水之间的豁达。他以“明道致用”为志，终其一生未曾背离。两次落第，“连中三元”（监元、解元、省元）而震动京师，殿试遇挫，又三度被贬。困顿滁州时，那“醉翁之意不在酒”的洒脱反而成就了他的精神突围，将个人失意转化为超然，生成了中国文人在理想与现实间平衡的智慧。

作为文坛领袖，他提携苏轼、曾巩等后辈，将古文运动推向高峰。他的诗文革新运动对北宋乃至后世的文学发展产生了深远的影响。他是宋代古文运动的领袖之一，也在词、诗、散文等多个文学领域留下了不朽的作品。

在文学创作上，欧阳修的成就首推古文，他继承并发扬了韩愈的古文传统，并且在此基础上进行创新，因天赋与勤勉终成一代文宗。他一生创作了五百余篇散文，作品形式多样，包括政论文、史论文、记事文、抒情文和笔记文等。其作品《醉翁亭记》《五代史记》等成为后世文学的经典之作，深受后代文人推崇。他的文风平实自然、简洁流畅、平易近人，散文作品广泛影响了宋代乃至元明清的文人。

欧阳修不仅注重文学的形式，更强调文道并重，他认为，文学应当服务于道德和社会现实。在诗歌创作方面，欧阳修也表现出与众不同的创新精神。他推崇韩愈的诗歌理念，强调诗歌应当体现生活的真实和人情的细腻。

同时，欧阳修还是一位卓有成就的政治家。晚年官至参知政事，他褪去锋芒，以史笔重构时代精神。他曾在多个政府职务中任职，为国家改革和政治发展贡献力量。即便对新法有所保留，他仍以“实事求实”的态度区别于极端保守派，这种理性精神至今犹有回响。

欧阳修深知士大夫的责任，秉持清正廉洁的作风，推动社会公正和良好的政治风气。作为一位才识卓越的领导者，欧阳修极力推荐并拔擢了许多青年才俊，其中包括苏轼、苏辙、曾巩等文坛巨匠，这些人后来都成为中国文学史上的重要人物。

欧阳修的历史成就不仅仅体现在文学创作上，还包括他的史学贡献。他与尹洙等人共同编写了《新五代史》，主持编修《新唐书》，开创“不没其实，不虚其美”的史家笔法；推动了中国史学的进一步发展。此外，他还编撰《集古录》千卷，成为金石学开山鼻祖，并在金石学、农学等领域做出了贡献，为中国的学术体系进一步增添了丰富的内容。

他的名字，叫作欧阳修。

滁州城外的山道上，苍颜白发的太守正往他常去的那家酒肆走着。

蝉声撕开盛夏的暑气，他摘下官帽扇风，突然笑出声来：是啊，那些在汴京城争得头破血流的党争，此刻竟不如石缝里钻出的野菊花真切。

这个总在贬官路上看风景的人，天生带着不合时宜的清醒。当满朝文臣用生僻字堆砌奏章时，他偏要写“环滁皆山也”这样的大白话；当同僚忙着在《诗经》里找祥瑞拍马屁，他蹲在田埂上想起《诗经》里最朴实的那句“七月食瓜，八月断壶”。河边的酒肆里流传着他的传说：那位欧阳学士，敢把圣贤书翻过来读。

暮年退居颍州，别人赏花他挖藕，十指深入污泥间，摸得到前朝战火烧焦的箭镞，也摸得到庆历新政未凉的热血。他深知时代洪流不可逆，权力之基坚不可摧，但仍挥毫泼墨，将最后的执着与梦想镌刻于历史篇章。

今天，我们翻开《欧阳文忠公集》，仍能听见纸页间簌簌落下的松针。那是他于北宋庭院播下的思想之种，历经时光雕琢，已蔚然成林，绿意盎然，遮天蔽日。

现在，我们在课本里读他，就像翻开一本褪色的旅行笔记。

是，那些关于改革的锋芒、文风的革命，最终都化作“藏书一万卷，琴一张，棋一盘，酒一壶”的“六一”精神。在庙堂与江湖、理想与现实之间，他用文字搭建起永恒的精神家园，九百年前那个总说大实话的醉老头，用一生证明：真正的永恒不在青史留名，而在樵夫的山歌、农妇的炊烟、学童背诵‘月上柳梢头”时，眼里闪动的光。

蒋捷

哪怕一生飘摇，
我仍愿做大宋最后的听雨者

题记

星河换了人间，南宋江山终成旧梦。蒋捷生于书香世族，却在国破之际以一身孤傲隐居江湖，樱桃染红春日，也难掩他亡国之痛。咸淳十年（1274）进士及第，本可青云直上，却偏偏选择守护最后的尊严与清白。

词笔寄愤，他以“竹山词”独标一格，既悲凉又清俊，既萧疏又疏爽。与周密、王沂孙、张炎并称“宋末四大家”，每一阙都似一曲绝唱，汇聚故国山河之恸，抒写人事浮沉之叹。历经风雨，他终不肯折腰仕元，唯有竹林深处的寂寞琴声，低回成宋季的挽歌。

（一）

你的名字，叫作蒋捷。

你生于大宋年间，约在淳佑五年（1245），成长于宜兴的阳羡，如今被称为江苏省宜兴市，那里山川秀丽，流水潺潺，你的家族亦是世代书香门第。

你的高祖蒋及、曾祖蒋夔、祖父蒋亿，以及父亲蒋惟晃，几乎每一代都有人在朝为官。你知道，作为蒋家的后代，你不仅仅要继承父辈们的门第声望，更要肩负起家族传承的责任与使命。

记得有一晚，明月高挂，你独自坐在书桌前，反复读着父亲所赠的《诗经》与《楚辞》。月光透过窗棂洒在你桌上，那寂静的夜晚，竟让你感到无比孤独。那时，你的心中充满了对未来的渴望，却也有着深深的迷茫。

更让你感受到孤独的，正是自己对写词的热爱。你心中明白，你对这片江南大地的情感，早已融入了你的血脉之中。但周围的同侪，更多地则关注着如何步入仕途，如何步步高升。那时的你，常常偷偷与自己对话——这条路，真的适合吗？这条路，是否能带你走出属于你自己的天地？你不知道。

你一直记得，父亲在你十七岁那年，拍着你的肩膀说：“家族的荣耀，不能辜负，以你的才学，必能承载起这份责任。”

之后的日子里，你一直苦读，这一读，就是十三年。

咸淳十年（1274），怀揣着忐忑与期许，你走进了考场，最终考中了进士。

那一刻，心中复杂的情绪交织在一起——那是如释重负的喜悦，那是泪水涌上眼眶的感动。二十多年的寒窗苦读，终于得到成果，那份奋斗与拼搏的艰辛，只有你自己最清楚。

日日夜夜苦读的寒窗前，书卷堆积成山。那时的科举之难，早已让许多人心生恐惧，常有人说“三十老明经，五十少进士”，但你并不在意。

当你知道自己成功时，那份激动的心情几乎让你的理智为之一片空白。临别家门时，你回望了一眼家中挂着的那副对联——“三径家声远，九侯世泽长”。心中感慨万千，想着无论未来如何，这条路是由你来继续走下去的。

那时候，你心中一片激动，走在临安的大街小巷，你几乎能听到自己脚步的回响，仿佛这座古老的城市在为你加冕。然而，当你站在都城的高楼上，翘首以盼时，等待却变得异常漫长。

那年，南宋的命运已经注定，国运不济，朝堂上的权臣与普通百姓一样，满心惶恐。襄阳失守，长江的天险再也无法挡住元朝的铁骑，整个王朝似乎都在一步步走向崩塌。而你，这个刚刚登科的年轻人，站在历史的夹缝中，看着这一切无力改变。每一天，你都在那座奢华却冷清的临安城中等待。吏部的官职迟迟不来，而国家的局势也如同乌云笼罩，压得人喘不过气。

更为沉重的打击发生在七月初九，宋度宗突然去世。大宋的丧钟鸣响，你的前途似乎与这场国难一样，陷入了无尽的迷茫。朝廷忙于丧事和新帝登基，哪里还有空余的目光去关注这些新进士？你能做的，唯有耐心等待，但那漫长的等待让你开始质疑自己——**你是否就是这场历史旋涡中的一颗微不足道的尘埃？**

你抬头，突然发现，下雨了，雾蒙蒙的，让人没来由地就想哭。所以就在这种压抑的情绪下，你写下了那首《一剪梅·舟过吴江》。

一剪梅·舟过吴江

一片春愁待酒浇。江上舟摇，楼上帘招。秋娘渡与泰娘桥。风又飘飘，雨又萧萧。

何日归家洗客袍？银字笙调，心字香烧。流光容易把人抛。红了樱桃，绿了芭蕉。

词中的“江上舟摇，楼上帘招”便是你的写照——漂浮不定，四处张望，却始终找不到归宿。那种孤独、迷茫和眼前一切及未来的渺茫，仿佛就在眼前。

但写到“红了樱桃，绿了芭蕉”，那一刻，红与绿，在你眼中不仅仅是春天的色彩，更是一种象征——象征着不管多么沉重的时光，也不能完全抹去生命中的光彩和希望。

你给这首词取了一个名字，《一剪梅·舟过吴江》，它迅速在江南传开，也给你带来了一个雅号——“樱桃进士”。

你开始明白，命运虽然无常，但只要心中还怀有希望，人生的色彩永远不会褪去。

（二）

德祐二年（1276）初，元军三路进军临安，南宋的最后一丝希望也在这一刻彻底破灭。那一日，你站在临安的街头，心中一片茫然，耳畔充斥着城中百姓的哭泣声。谢道清带着小皇帝赵㬎，在众多宫女和宗室的陪伴下逃向北方。

那一天，临安城没有屠杀，没有纵兵抢劫。元军强迫你们交出“犒军银”，以慰士兵。然而，对于你们这些百姓来说，被夺去的不仅是金银，更是家园和未来。

临安的街头，依旧有绿树成荫的模样，但你已不再感到熟悉。思绪穿梭，你记得年少时的自己，怀揣着理想与抱负，梦想着有朝一日能为国尽忠。但谁能想到，这一切竟在一夜之间消失殆尽。

玉楼春·桃花湾马迹

秦人占得桃源地，说道花深堪避世。桃花湾内岂无花，吕政马来拦不住。

明朝与子穿花去，去看霜蹄剜石处。茫茫秦事是耶非，万一问花花解语。

你常常对着太湖低声吟咏。那是你写下的《玉楼春·桃花湾马迹》中的句子，字里行间暗藏着你对那个时代的无奈与愤懑。

故乡早已变得萧条破败，那些曾经充满生机的河畔、田野，如今不过是一片死寂。元军入侵，摧毁的不仅是家园，更是整个江南的希望。

一剪梅·宿龙游朱氏楼

小巧楼台眼界宽。朝卷帘看，暮卷帘看。故乡一望一心酸。云又迷漫，水又迷漫。

天不教人客梦安。昨夜春寒，今夜春寒。梨花月底两眉攒。敲遍阑干，拍遍阑干。

夜深人静，你常常梦回宜兴，梦回那片曾经让你感到温暖的土地。然而，无论梦里有多么美好，醒来时，面对的只有空虚与孤寂。

你曾写下这首《贺新郎·兵后寓吴》：

贺新郎·兵后寓吴

深阁帘垂绣。记家人、软语灯边，笑涡红透。

万叠城头哀怨角，吹落霜花满袖。影厮伴、东奔西走。

望断乡关知何处，羡寒鸦、到著黄昏后。一点点，归杨柳。

“望断乡关知何处”，是你心头无法言喻的痛苦。望着那飞翔的乌鸦，你愈发感受到自己的孤独与无助。它们可以在黄昏时找到栖息的地方，而你，却连一个容身之所都无法依靠。

于是，你继续写：

相看只有山如旧。叹浮云、本是无心，也成苍狗。

明日枯荷包冷饭，又过前头小阜。趁未发、且尝村酒。

醉探枵囊毛锥在，问邻翁、要写牛经否。翁不应，但摇手。

“白云苍狗”这四个字，正是你此刻的写照。家园如旧，山川如旧，可是时逝事易，物是人非。曾经的荣华富贵，曾经的家人笑语，如今都已化作一场梦。每次踏上新的征途，你心中都充满了无尽的无奈与哀伤。曾经的书香门第的青年才俊、名门之后，如今无所依靠，唯有这一份咬牙坚持的沉默，陪伴你度过一段又一段孤独的岁月。

看着曾经的朋友都去过各自的生活，而你只剩下孤身一人，背负着无尽的流亡和流离。身处四面楚歌的困境，你不禁想起孔子的教诲：“道不行，乘桴浮于海。”

在这动荡的时代，你只能放下曾经的抱负，如今的你，像漂浮在海上的一叶孤舟，随波逐流，寻找着一片能够栖息的港湾。然而，前方依旧雾茫茫，迷茫中只剩下对故乡的深深怀念与一腔未竟的理想。

时间一晃而过，到了至元二十三年（1286），你已年过四十，自从南宋灭亡，你便在四海为家，心中常怀愁绪。

元朝的皇帝，忽必烈，对文人的态度可谓宽容。他尊重学者，宽待南宋遗民，发布了征辟文人的诏令，欢迎南宋的儒士、医士、卜筮、天文历数之士北上为官。他提供的机会，吸引了许多人，像王龙泽、赵孟頫等都响应了号召，但你无动于衷，视若无睹。

外面风云变幻，诸王权臣竞逐朝堂，而你始终固守自己的原则。身处乱世，你知道自己不过是个微不足道的存在，过日子而已，何必多作纷扰？

忽必烈的宽厚，让许多南宋遗民感受到了久违的温暖。赵孟頫便是其中之一。人们常说他身在大都，心却在江南。那种乡愁与不舍，甚至在他的诗中流露无遗。尽管他如此思念江南，最终却依旧留在了大都，做了三十多年的元朝官员，直到翰林侍读学士。

而你，看着这些人，心中充满了不屑。赵孟頫的心似乎永远停留在江南的烟雨之中，而他又在大都的官场中熙熙攘攘，向世人展示着汲汲于功名利禄的面孔。你藐视他们对权力的追求，认为这不过是浮云，瞬间即逝。真正的快乐，岂能来自富贵荣华？

念奴娇·寿薛稼堂

稼翁居士，有几多抱负，几多声价。玉立绣衣霄汉表，曾览八州风化。进退行藏，此时正要，一著高天下。黄埃扑面，不成也控羸马。

人道云出无心，才离山后，岂是无心者。自古达官酣富贵，往往遭人描画。只有青门，种瓜闲客，千载传佳话。稼翁一笑，吾今亦爱吾稼。

很多人说你傻，是，你的选择或许不能为世人理解，但这便是你蒋捷的选择。无论世事如何变迁，你依旧会在江南这片土地上，静静地度过每一个清晨和黄昏。

在这动荡的岁月里，你以笔为剑，铸就了自己的气节和尊严。你的心中依旧燃烧着理想与志向，那就是，保持一份独立的心性，守住自己的底线。

慢慢地，你的笔力越来越成熟，于是你提笔写下了《贺新郎·秋晓》：

贺新郎·秋晓

渺渺啼鸦了。亘鱼天，寒生峭屿，五湖秋晓。竹几一灯人做梦，嘶马谁行古道。起搔首、窥星多少。月有微黄篱无影，挂牵牛数朵青花小。秋太淡，添红枣。

愁痕倚赖西风扫。被西风、翻催鬓鬒，与秋俱老。旧院隔霜帘不卷，金粉屏边醉倒。计无此、中年怀抱。万里江南吹箫恨，恨参差白雁横天杪。烟未敛，楚山杳。

这首词，在你看来，或许是你这辈子最为深刻的写照。

那时的你已不再年轻，往事如烟，心头的伤痛无处可诉。你眼中的秋天，不仅仅是自然的变化，更是对人生的深刻感悟。你曾在这片土地上怀抱理想，可如今，只能在这孤独的江南水乡独自写下这一篇篇愁苦的词章。

但你内心依旧燃烧着对未来的期待。你的词中写道：“秋太淡，添红枣。” 这句平淡却充满象征的句子，或许正是在表露你内心的孤寂与期许：生活中虽然有太多的苦涩，但你依然愿意为那一抹微弱的温暖而坚持。

此时，你的心中，常常浮现出屈原、陶渊明、杜甫等人，他们虽然无力挽回命运的车轮，却用自己的坚贞昭示了士人的骨气。你所写的每一篇词，每一行诗，都是你对他们的敬仰，也是你与这个变动不居的世界之间的对话。

（三）

岁月荏苒，你的年华渐行渐远。到了元成宗大德九年（1305），你已年逾六十，仍隐居在风雨如晦的江南。那时，朝廷再次下诏“求山林间有德行、文学、识治道者”。

浙东肃政廉访司副使臧梦解、浙西廉访使陆垕都极力举荐你，声言你堪称国家栋梁。然而，你对这些召唤不屑一顾，依然没有心思出山去做官。

“新朝已立三十年，何必为那个腐败的旧朝守节终老？”这话虽刺耳，却也道出了他们的心声。但对于你来说，忠诚与气节，早已是你生命中的支柱。

你只是笑笑，无论外界如何喧嚣，你依旧坚守着自己的信念。

终于，你选择了离开繁华，去了武进县的竹山，寻求一片宁静的天地。竹子，作为文人气节的象征，是你心灵的依托。曾有诗人言：“宁可食无肉，不可居无竹。”你便以竹为伴，岁月在竹影中流转，你也在这片寂静中渐渐老去。

你的一生，似乎注定了漂泊无依。你曾经在《少年游》中写道：“枫林红透晚烟青，客思满鸥汀。二十年来，无家种竹，犹借竹为名。”

年华似水，弹指一挥间，岁月蹉跎，风霜满面。生活中，一切的追求都成了空谈，“老去万缘轻”，这一生的事，最终不过是浮云，难以与理想之光接轨。“只把平生，闲吟闲咏，谱作棹歌声。”在竹山，你是“竹山先生”，是那个守住气节，依旧孤单，依旧为梦吟唱的蒋捷。

少年游·枫林红透晚烟青

枫林红透晚烟青，客思满鸥汀。二十年来，无家种竹，犹借竹为名。

春风未了秋风到，老去万缘轻。只把平生，闲吟闲咏，谱作棹歌声。

经过漫长的漂泊，你终于在竹山安下了身，开始接纳一些学子，虽然收入微薄，但总算为你带来了片刻的闲暇。

你最爱去拜访老友谢应芳，他是元曲大家，才情与你相似，义不仕元。你们两人相识多年，不只是朋友，更像是同病相怜的知己。每次你带着几分沉寂的心情去找他，他总是煮上一壶好茶，泡在那铜香炉前。你们对坐，论诗议理，常常忘记时间的流转。你们在竹林间、在溪水旁，谈论着诗词，谈论着人生。

每当此时，你的内心就像是化作了诗意，跟着这水波荡漾，浑然忘我。

你曾写过一首诗《东坡田》，诗中自有你的心境：

东坡田

老去红灰酒瓮前，向来青草瘴江边。

卜居自为溪山好，不是区区为买田。

这首诗，便是心境的真实写照。年轻时，你为国家的盛衰而心潮澎湃，直至后来才知道，人的一生，终究不是要完成什么惊天动地的大事。即便是天地变换、沧海桑田，自己所守的信念、所持的气节，才是最为重要的。其他的，都如风过无痕，瞬息即逝。

（四）

到了晚年，你常常坐在竹山的房舍里，独自对着窗外的风雨，聆听那阵阵的雨声上，犹如岁月的低语，敲打着你内心的寂静。

你想起了年少时的自己，那时意气风发，手握书卷，憧憬着未来，仿佛天地间有无数可能等着你去书写。那是你人生最无忧无虑的时光，心中满是对未来的向往，仿佛风雨之外便是锦绣前程。

然而，风云突变，南宋倾覆，家国破碎。你想起了壮年时的自己，曾一腔热血，渴望在乱世中有所作为，可现实将你的理想击得粉碎。你拒绝了元朝的征召，不愿为新朝俯首称臣，于是你背井离乡，流亡四方，那时的你，怀揣着愤懑与不甘，却只能在冷雨中孤独前行，任凭岁月剥夺你的热血，磨平你的棱角。

而如今，你坐在僧庐之下，静静地听雨，鬓发已然斑白，眼中不再有锋芒，只有一份看透世事的淡然。你提笔写下了这首《虞美人·听雨》，它是你对自己一生漂泊不定、命运多舛的总结：

虞美人·听雨

少年听雨歌楼上，红烛昏罗帐。壮年听雨客舟中，江阔云低、断雁叫西风。

而今听雨僧庐下，鬓已星星也。悲欢离合总无情，一任阶前、点滴到天明。

你看着纸上的字迹，心中不禁泛起一丝苦笑。这一生，你从意气风发走到漂泊无依，从血气方刚走到鬓角染霜。你明白了，人生的际遇如同这场秋雨，来时悄无声息，去时也不留痕迹。

少年时听雨，听的是对未来的憧憬；壮年时听雨，听的是现实的悲歌；如今听雨，听的只是时光的流转，任凭它一点一滴，落满窗前，直到天明。

大德九年（1305）的某个日子，你终于走到了人生的尽头。

你走了，船影逝水，歌笛声消。竹山青青，雾风吹拂一如千年；太湖静静，明月悬垂幽光万载……或许，在这片山水之间，还会有人记得你，记得那个不为世事所扰，凭一腔诗情与气节度过一生的，大宋最后的听雨者——蒋捷……

是的，你的故事，到这里就结束了。

一口气概述

他的名字，叫作蒋捷。

他是南宋末年的词人，生于国家动荡、江山易主的时代，却始终保持着士人的气节和高洁的志向。他的词风独树一帜，兼容婉约与豪放，既没有辛派的粗放直率，也没有姜派的刻削隐晦，而是在沉郁中见清奇，在悲凉中存坚贞，展现了独特的艺术个性。

蒋捷一生漂泊，经历了南宋的衰亡与元朝的统治，他没有像赵孟頫那样投身新朝，而是选择隐居江南，终身不仕。他的词作大多寄寓对故国的深切怀念，如《一剪梅 · 舟过吴江》中“流光容易把人抛，红了樱桃，绿了芭蕉”一句，以自然景色映衬人生易逝、家国难归的哀愁，使人感慨万千。因此，后人称他为“樱桃进士”。

他的词虽然没有直接描写时代的巨变，但在落寞愁苦的文字背后，充满了深沉的家国之痛。如“飞莺纵有风吹转，奈旧家苑已成秋”（《高阳台》）、“梦也梦也，梦不到，寒水空流”（《梅花引》），这些词句无不流露出亡国遗民的飘零与惆怅。他的《虞美人·听雨》更是借“少年听雨歌楼上”“壮年听雨客舟中”“而今听雨僧庐下”三个不同阶段的听雨经历，概括了自己从意气风发到漂泊无依，再到孤独老去的心路历程，成为千古传诵的佳作。

尽管蒋捷的词风多以凄清为主，但他并非一味沉溺于悲凉之中，而是时而振起，开拓意境，赋予词作更丰富的色彩。如《贺新郎 · 秋晓》中，他在忧愁中点缀上青花与红枣，使词的情感不至于过于沉抑，展现了一种清丽的美感。他的部分作品，如《霜天晓角 · 人影窗纱》和《昭君怨 · 卖花人》，更是展现了清新淡雅的生活情趣，体现出他词风的多样性。

清代学者刘熙载在《艺概》中评价他："蒋竹山词未极流动自然，然洗练缜密，语多创获。其志视梅溪（史达祖）较贞，视梦窗（吴文英）较清。"甚至称他为"长短句之长城"，足见其词作在词坛上的地位。而周济则认为他的词"思力沈透处，可以起懦"（《宋四家词选》），称其词作能激励人心，足见其风格虽凄清，却蕴含坚韧之气。

然而，对于蒋捷的词，历代评论褒贬不一。有人认为他的词意境深远，格调高洁，也有人批评他的词作不合"正轨"，过于哀怨。但不可否认的是，他在南宋词坛上独树一帜，不随流俗，以自己的方式表达着亡国遗民的心境，成为那个时代最具特色的词人之一。他的词集《竹山词》虽仅存九十余首，却足以见证他深厚的艺术造诣与独特的个人风格。

晚年的蒋捷，隐居竹山，以竹为伴，拒绝元朝的征召，过着清贫而宁静的生活。他最终在江南的一片风雨中走完了自己的一生，然而，他的词却在后世被视为宋末词坛的瑰宝。他以词寄情，以笔铭志，在动荡的时代中，守住了自己内心的风骨，也留下了一段属于"竹山先生"的不朽传奇。

他的名字，叫作蒋捷。

我很喜欢他的词，我觉得，蒋捷的词里始终飘着雨。不是江南文人笔下的朦胧烟雨，而是穿透岁月、打湿脊梁的冷雨。当南宋最后一盏宫灯熄灭时，他站在文明的废墟上，没有选择激烈抗争，也没有遁入虚无，而是用笔尖接住时代的碎片，在墨痕里重建精神的秩序。这让我想起父辈在时代浪潮中的沉浮——他们也曾愤怒、迷茫，最终在皱纹里刻下某种静默的从容。

他最触动我的，是对“家”的凝视。“何日归家洗客袍”不是地理意义上的回乡，而是追问精神原乡是否还能安放飘零的灵魂。他深知临安的宫阙已成瓦砾，却仍在词中保存着江南屋檐下雨滴敲打青石的声音。这让我想起那些在异国他乡的游子，他们行囊里总装着故乡的泥土，不是因为眷恋旧物，而是要在流动的世界里守住内心不变的质地。

蒋捷始终没有跪下去。元朝的科举向他敞开，他却转身走进太湖的烟波，用竹杖量遍江南的苔痕。这不是清高，而是一个清醒者最后的尊严。当整个时代都在崩塌时，他选择用文字做铆钉，把破碎的文化记忆重新铆接成可供后人栖息的屋檐。在太湖芦苇荡深处，他的船载着半卷《竹山词》，载着前朝遗落的月光。

七百年后，当你撑伞走过江南旧巷时，你会发现：檐角坠下的雨珠忽然有了宋时韵脚，青石板上恍惚见一袭洗白的青衫。是的，他的清醒原是一粒火种：不必在史册里焚烧，只悄然点亮每个在荒诞世间，仍执意听雨的人。

韩愈

我从年轻时就流淌的热血，
从来不会微凉半分

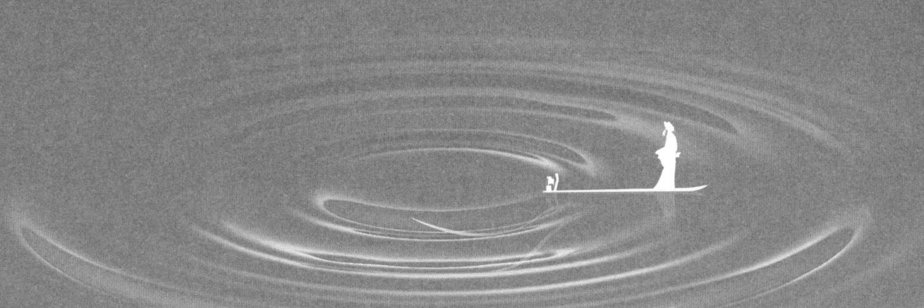

题记

文起八代之衰,而道济天下之溺。韩愈，这位自号昌黎的文坛巨匠，一生辗转官场与贬谪之间，屡遭坎坷，却始终以孤勇执笔，呼唤久违的古道与正声。他年幼丧亲，逆境成长，却立志以古文革新天下文风。他敢谏迎佛骨而遭流放潮州，却将蛮荒之地化为文明之乡。

他笔势如虹，文道合一，立起唐宋文章的一座丰碑。纵岁月悠悠，他的字字珠玑仍如高悬明月，照亮万代士子的心怀。

（一）

你的名字，叫作韩愈。

大历三年（768），你出生在一个初春微寒的早晨。你家世代为官，你的父亲韩仲卿，此时正担任秘书郎一职。但命运向来不曾仁慈地眷顾你，大历五年（770），你的父亲便撒手而去，那时你年仅三岁，你还未明白“父亲”二字真正的含义，他便已化作你记忆中模糊而温暖的影子。

幼年起，你就学会了独自面对世间风雨。你常常独坐书房一隅，小小的手执着一卷泛黄的书籍，仿佛书中的文字背后是父亲模糊的面容和远方兄长严肃又温和的脸庞。没有人夸奖或督促，你却比同龄人更加专注、更加勤奋，那些艰涩的诗文在你幼小的心里如明灯般指引着你，熬过漫漫长夜。

然而，命运依旧冷酷。大历十二年（777），你的兄长韩会因受宰相元载案的牵连，被贬往偏远的韶州做刺史，不久便病逝于任上。

那一天，你手足无措地站在庭院里，看着天空骤然压下的乌云，仿佛整片天都快坍塌下来。兄长死后的日子，如同断线的风筝一般。你与六嫂郑氏艰难地把兄长的遗骨送回河阳安葬，却被迫迅速离开故士，辗转漂泊到遥远的宣州。

在宣州的那些年头，你度过了最为困苦和动荡的少年时光。

此时你家道中落，家徒四壁，但你越发坚毅。别人眼里的贫穷、落魄、孤单，对你来说，不过是命运给你设置的一道又一道考验的关卡。月光下，你时常对着漆黑的夜空喃喃自语：“天不负我，我亦不负天！”

贞元二年（786），决定离开宣城。你想先去往遥远的河中府，投奔族兄韩弇，以期通过他谋得河中节度使浑瑊的推荐。

初次踏上这条道路，你的心情充满了忐忑与憧憬，手中攥紧了那张泛黄的荐书，肩上背着朴素的行囊。

那夜，月色如霜，你满怀期待地等待族兄的回话，然而等来的只是失望与沉默。你独自伫立在庭院里，孤单的影子被月光拉得很长很长，仿佛整个夜晚都在嘲笑你的天真与固执。

但你没有哭泣，也没有埋怨。你知道，前方的路还很长很长——那个叫韩愈的名字，此刻虽然默默无闻，但终有一天，会如星辰般闪耀于历史的苍穹。

贞元三年（787），你怀揣着一颗年轻的心，带着对未来的憧憬，奔向长安。

然而，当你踏入长安这座千年古城时，心中难掩那份沉重的失落。你没有背景，没有依靠，甚至连一个可以安身的地方都找不到。

第一次科举考试，便是失败。在最无助的时刻，噩耗传来——你的堂兄韩弇死于非命。你站在长安的大街上，天色阴沉，心底泛起一阵阵冰冷的寒意。

此时的你，孤身一人，所有的亲人都远在天涯，所有的希望似乎都已经碎裂。

正当你准备放弃，想去借点路费回家时，命运又给了你一个转机。你偶然结识了北平王马燧，看出了你身上的潜力，给了你一份临时的工作。

你没有拒绝，甚至觉得自己是在命运面前终于找到了一个立足之地。日复一日，你在马燧府中做事，工作虽不光鲜，却也能让你勉强维持生计。每当夜幕降临，你依然会在微弱的灯光下翻开那些历代的古籍，刻苦钻研，心中始终没有放弃过改变命运的念头。

然而，生活不会轻易放过你。

接下来的科考，依旧没有如愿。你始终未能通过，考试要求的骈文与你钟爱的古体散文背道而驰，你的文字，似乎不适应这个时代的需求。你曾经的自信与执着，已被一连串的失败磨砺得几乎消失。

（二）

贞元八年（792），你终于考中进士。但不久后，你又遭遇了新的打击：那几年，进士名额泛滥，许多年轻人都被塞进了名册，岗位却极其有限。你被迫再次参加博学宏词科的考试，依旧未能如愿。

生活的重压几乎让你喘不过气来，这时，另一场灾难降临。六嫂郑氏的去世，让你痛苦不堪。你从长安赶回河阳，为她守孝五个月。在这段时间里，你开始重新审视自己，曾经的野心，曾经的理想，似乎都在不断流逝。

然而，命运并没有给你最终的答案。

在嫂子去世三周年时，你依旧未能考取任何职位。你愤怒、失望，也许更是无奈。你曾写过三封上书给宰相，希望能得到回应，但一切都是徒劳。你对朝廷的公正产生了强烈的质疑，心底的理想与信念似乎被一点一点地消磨殆尽。

直到贞元十二年（796），你遇见了宣武节度使董晋。这位节度使看到了你身上的才华，决定让你担任观察推官。

你感激这份迟来的机会，但内心深处的那股倔强始终没有消失。你知道，这只是一个开始，真正的挑战还在前方。你依然渴望能够改变自己的命运，尽管每一步都走得艰难而曲折。

贞元十五年（799）初春，董晋离世，你跟随灵柩离开了宣武军的大营。那天，寒风刺骨，四周的景象如同梦境一般模糊，队伍中一片沉默。你回望着曾为之效力的地方，心底却涌上一股莫名的空虚。

几天后宣武军骤然爆发的暴乱让那些留守的同僚命丧黄泉，而你，恰好因为提前离开，侥幸逃过一劫。这种生死无常的命运，越发让你心生感慨。你沉默不语，回望着随风摇曳的旗帜，心中暗问，未来的路究竟在哪里？

从宣武军离开后，你踏上了新的征程，赶赴徐州。贞元十五年（799）

秋，徐泗濠节度使张建封邀请你加入他的团队，你应命出任节度推官。在张建封的麾下，你开始了新的工作。虽然你处理政务还不能像别人一样游刃有余，但张建封欣赏你的脾性，你遇事从不回避，总是直言不讳，言辞恳切。这让你显得格外与众不同，然而，这种正直与不善圆滑，让你常常陷入尴尬的境地。

日复一日，你依旧承受着内心的无奈与困顿。每一次回到长安，你都感到一种无法言说的压抑和痛苦。四次参加吏部的考试，都未能中选。心中的那股倔强，让你无数次在深夜里捧起笔墨，写下自己对世界的感叹与不甘。

马说

世有伯乐，然后有千里马。千里马常有，而伯乐不常有。故虽有名马，祇辱于奴隶人之手，骈死于槽枥之间，不以千里称也。（祇 同：衹）

马之千里者，一食或尽粟一石。食马者不知其能千里而食也。是马也，虽有千里之能，食不饱，力不足，才美不外见，且欲与常马等不可得，安求其能千里也？

策之不以其道，食之不能尽其材，鸣之而不能通其意，执策而临之，曰：“天下无马！”呜呼！其真无马邪？其真不知马也！

你通过一匹千里马来暗喻那些有才之士的际遇。你说：“千里马常有，而伯乐不常有。”这句话，写出了你心底的失望与愤怒——这世上，明明有着许多优秀的“马”，却因为没有“伯乐”的赏识，最终只能湮没在茫茫天地中。

当你在那些日复一日的公务中感到疲惫时，你也开始审视自己，审视自己的选择。你有着远大的志向，渴望为国家和百姓作出贡献，但始终没有找到一条适合自己的路。

你的内心无比挣扎，时而感到一丝希望，时而又深陷无尽的黑暗。然而，你并没有放弃，那份写作的激情，依旧在你心头熊熊燃烧。

贞元十七年（801），与年少时的豪情壮志相比，如今的你，心中多了几分沉稳，也多了几分对命运的感悟。

历经数年的科举考场、官场起伏，你终于走上了国子监四门博士的岗位。这个职位，听起来似乎十分威风，仿佛是皇宫里的一颗明珠。但你知道，这不过是一个招生老师的职位罢了，但即便如此，你仍然带着满腔热血，走进了国子监的大门。

每天，你坐在书房中，面对着一堆堆学子，讲授经典，传授知识。但你心底的那个理想，始终未曾改变。你接触科场的黑暗，眼睁睁看着那些官宦与权贵的子弟在科举中得到优待，而真正有才学的人因为背景贫寒被无情抛弃。你开始感到深深地愤慨，朝廷的腐败，也让你不禁对自己所处的社会产生了质疑。

你开始频繁思考，何为教育的真正意义？何为真正的“师者”？于是，你写下了《师说》。

师说

古之学者必有师。师者，所以传道授业解惑也。人非生而知之者，孰能无惑？惑而不从师，其为惑也，终不解矣。生乎吾前，其闻道也固先乎吾，吾从而师之；生乎吾后，其闻道也亦先乎吾，吾从而师之。吾师道也，夫庸知其年之先后生于吾乎？是故无贵无贱，无长无少，道之所存，师之所存也。

嗟乎！师道之不传也久矣！欲人之无惑也难矣！古之圣人，其出人也远矣，犹且从师而问焉；今之众人，其下圣人也亦远矣，而耻学于师。是故圣益圣，愚益愚。圣人之所以为圣，愚人之所以为愚，其皆出于此乎？爱其子，择师而教之；于其身也，则耻师焉，惑矣。彼童子之师，授之书而习其句读者，非吾所谓传其道解其惑者也。句读之不知，惑之不解，或师焉，或不焉，小学而大遗，吾未见其明也。巫医乐师百工之人，不耻相师。士大夫之族，曰师曰弟子云者，则群聚而笑之。问之，则曰："彼与彼年相若也，道相似也，位卑则足羞，官盛则近谀。"呜呼！师道之不复，可知矣。巫医乐师百工之人，君子不齿，今其智乃反不能及，其可怪也欤！

圣人无常师。孔子师郯子、苌弘、师襄、老聃。郯子之徒，其贤不及孔子。孔子曰：三人行，则必有我师。是故弟子不必不如师，师不必贤于弟子，闻道有先后，术业有专攻，如是而已。

李氏子蟠，年十七，好古文，六艺经传皆通习之，不拘于时，学于余。余嘉其能行古道，作《师说》以贻之。

你从不惧怕触碰那些老学究的"尊严"，直接指出许多人的自大与偏见。你用笔尖捅破了那层虚伪的面纱，指出真正的师者，不是那些高高在上的“专家”，而是那些甘心教化后学、传递正道的人。你直言不讳地说：“弟子不必不如师，师不必贤于弟子，闻道有先后，术业有专攻，如是而已。”这番话不仅是对知识和师道的深刻思考，更是你对这个社会不公的强烈反击。

（三）

《师说》发布后，一石激起千层浪。整个士大夫阶层都“炸锅”了。许多老学究开始在私下议论纷纷，显然，你的直言不讳让他们感觉到了一种来自底层的挑战。这些被你批评的“学者”，早已习惯了在门生眼里保持着不容置疑的权威，而你的文章，刺痛了他们的尊严。你并不在意这些，你深知，这篇文章并非为了迎合任何人，而是为了捍卫心中那份属于教育的纯净与真理。你始终相信，教育不仅仅是传授知识，更是传递思想、传递道德、传递灵魂。

贞元十九年（803），你晋升为监察御史。这个职位看似荣耀，却意味着更多的责任与压力。当时，关中地区发生了大旱，百姓饥荒遍地，然而，京兆尹李实隐瞒了这一事实，还谎报粮食丰收，百姓安居乐业。

你亲自前往灾区，看到的是饥民流离失所、以乞讨为生，街道上充满了绝望的哭声。你心如刀割，决定挺身而出，捍卫百姓的权益，你在愤怒中写下了《论天旱人饥状》并在文中说：“至闻有弃子逐妻以求口食，拆屋伐树以纳税钱。”

你毫不犹豫地揭露了当时官员的罪行，直指那些谎报灾情、隐瞒真相的权贵。

《论天旱人饥状》的发布，让你与当权者彻底决裂。可李实不仅没有改正错误，反而联合其他官吏一同抹黑你，试图将你摧毁。这一切都让你感到心力交瘁。是啊，你曾经以为自己会通过这个职位改变什么，现实的残酷却让你深刻认识到，一个人的力量终究是有限的。

最终，李实得逞了，你被贬到连州阳山县，成为一名县令。这一次，政治的黑暗再次吞噬了你的一切，甚至你所信奉的理想也在这一刻蒙上了阴影。

贞元二十年（804），你已经三十七岁了，初抵阳山时，春寒料峭，雨细风轻，远山雾霭沉沉，你独自撑着一柄伞，踏着泥泞的小路缓缓走进县衙。一袭青衫被春雨濡湿，鞋面沾满泥水，你的眼神却依旧沉稳明亮。

你知道自己被贬至此。京城长安的繁华与荣誉，在此刻都已远去，你的心中亦不免有些许落寞，却并未沉沦。

夜晚独坐灯下，翻阅县册，简陋的官衙透出阴寒，你握紧冰凉的笔杆，暗自立誓，既然命运将你推向这里，你便要与它奋力一搏。

你深入乡野，走遍山川沟壑。雨季来临，道路泥泞难行，你拄着木杖亲自探察百姓民情。一次，路旁老妇苦笑着叹息道：“韩县令，这里自古贫瘠，老身活了一辈子，连顿饱饭都吃不上。您虽有才华，怕也是无济于事啊。”

你听罢，只是微笑着点点头，温声安慰道：“莫忧，只要还有一息尚存，便有转机。”老人半信半疑地看着你，摇了摇头便走开了，你却未曾放弃心中的信念。

（四）

时光荏苒，一年后（805），你推动兴修水利，教化民风。阳山渐渐发生变化，贫瘠之地焕发出勃勃生机。待你离开之日，百姓自发前来送别，年迈的老人颤抖着握住你的手，热泪盈眶道：“韩县令，是我们错看了你啊！”

秋风萧瑟，你乘舟顺水而下，回首青山如黛，眼中亦有晶莹闪动。

你转而来到江陵任职法曹参军，八个月的时间虽短，却足够沉淀你的心境。每日整理文书诉讼，案牍纷繁之际，你未曾抱怨，只在夜深时凝望江上渔火，低声自语：“吾辈岂是池中物，终有重归之日。”

果不其然，元和元年（806），你被召回长安，任国子博士。一纸诏书送至，你一瞬间如释重负，扬眉一笑，久违的豪情再次涌入胸臆。

长安旧地，你步入熟悉的国子监，讲台下弟子们仰望着你，满眼敬佩钦慕。你讲起古文之道，声音铿锵有力：“吾辈作文，当求文道合一，气盛言宜！”

元和四年（809），你离开国子监，转任都官员外郎。朝堂纷争波谲云诡，你却不愿随波逐流，宁愿在东都分司，遥望长安方向，静观风云变幻，心有淡然。

一年后，你又被降为河南县令。然而，官场的跌宕并未击倒你，你秉公执法，揭露藩镇不法之事。有人劝你：“韩大人何必如此得罪权贵？且安稳度日便是。”你却只是淡淡一笑：“吾为官，只求问心无愧。”

元和六年（811），你再度回到长安，做职方员外郎。城中繁华如旧，但你的目光更加深邃，喧嚣于你，如水波荡漾，并未扰乱你的心境。之后你重回国子监，任国子博士。你决心把古文之道推向极致。无数青年才俊纷纷慕名而至，你倾力教诲，不厌其烦，人谓你“好为人师也”，你亦欣然笑纳。

你的学生张籍，虽年长你两岁，却恭敬谦逊。他进士及第那日，特意前来拜谢：“先生之恩，学生毕生难忘！”你拍着他的肩膀笑道：“文章乃是自家才气，只不过稍加推引罢了。”

因屡遭贬谪，你创作《进学解》以抒胸臆：业精于勤，荒于嬉；行成于思，毁于随……

窗外细雨绵绵，你静坐灯下，笔墨沉重如铅，停笔凝思，仰头看向窗外黑夜，低叹一声：“难道我这一生，终究只能如此吗？”心中虽有苦涩，却从未放弃理想，字字句句，饱含真挚情感，终令宰相动容。于是你调任史馆修撰、比部郎中，历史的大门再次向你打开。

元和八年(813),你已年过不惑,四十六岁的你迎来了久违的转机,被任命为史馆修撰,奉命编修《顺宗实录》。

这时候的你,早已看惯了官场沉浮,却依旧不曾习惯。元和九年(814)十月,你升任考功郎中,不久便迁任知制诰,成为朝廷文笔的中枢。元和十年(815)正月,你又被提拔为中书舍人,赐绯鱼袋,那红色的锦袋缀着的金鱼在腰间晃动,你低头瞥了一眼,却并未因此喜悦。你知道,身后早已有不少嫉恨之人虎视眈眈。

果然,不久之后,便有人搬出往日旧事,指责你昔年在江陵掾曹任上,待节度使裴均之子裴锷等人仍以字相称,犯了官场大忌。你听闻此言,心中一片冰凉,世事无常,你苦笑自嘲,任由朝廷再将你调任太子右庶子,离开了权力中心。

元和十二年(817)八月,宰相裴度来信,请你出任淮西行军司马。放下信笺,你缓缓起身,看向远处渐渐落日,心中涌起久违的豪情。你素来仰慕古之良将,渴望自己也能为朝廷立功,以慰多年来怀才不遇之苦。第二天清晨,你策马随军而去。

行军途中风霜凛冽,寒风如刀割面。抵达淮西前线军营时,裴度一见你便拉住你的手,满目倦容地叹息道:“退之,此次讨伐淮西,事关重大,你我皆已年迈,只望早日平定叛乱,还天下一片太平。”你也握紧他的手掌,沉声回应:“裴相放心,此役必成。”

夜晚的帐篷中,烛影摇曳,你伏案研究地图,提出一个大胆的建议:“遣精兵千人自小路奇袭蔡州,可不战而擒吴元济。”裴度沉吟良久,眼中犹疑不定,终未采纳。数日后深夜,帐外突然喧闹异常,传令兵急急来报：“李愬将军已冒雪奇袭蔡州，生擒吴元济！”

你听闻此言，先是怔了一下，随即，你又向裴度提议：“趁淮西刚平，声威正盛，可不费一兵一卒，以言辞招降镇州王承宗。”裴度颔首应允，你即刻命柏耆执笔，亲口授书，言辞谆谆如父兄之劝告。数日之后，柏耆回报镇州已然献出德州、棣州。军营众人闻之，无不敬佩你的谋略与胆识。

元和十三年（818）四月，你奉诏担任礼仪详定副使，协助尚书左仆射郑余庆修订五礼。你日日埋首于礼制文献中，心思日渐沉静。黄昏时分，整理书案后，你缓步走到窗前，望着远处夕阳沉落，眼中掠过淡淡的忧伤，时光仿佛回到当年初入仕途时，那时意气风发的你，满怀理想，以为世事可凭一腔热忱尽数改变，如今却逐渐懂得，天地苍茫，人如浮萍，唯有心中那一点道义方能安身立命。

世人终究只看见你那起落不定的仕途，却从未真正读懂你的心。你知道，官职可得可失，但你一生所追求的道义与文章，如天上星辰，恒久闪耀，不为风霜所折损。

时光飞逝，元和十四年（819），为了求得长生与安宁，宪宗皇帝决定迎佛骨入宫，举办一场声势浩大的佛骨奉献仪式。

消息传开，全城的百姓几乎都失去了理智，四面八方的香火与鞭炮声将这座古老的城市包围。人们争先恐后，涌向宫门，以期得到佛祖的庇佑。

你站在这场疯狂的潮流中，心中却无比冷静。你知道，这不是什么所谓的信仰，这就是一场迷信的闹剧！

你深知，这种盲目的行为会给国家和百姓带来深远的祸害，而不只是短暂的狂欢。你写下《论佛骨表》，毫不掩饰地将自己的观点写入其中。

“枯朽之骨，凶秽之余，岂宜令入宫禁……”你用笔尖戳破了这场虚假的荣耀，直言佛骨不过是一块腐朽的骨头，你声称这不过是一场空虚的迷信，只有真正的智慧和理性才能带领这个国家走向更远的未来。

“汉明帝时，始有佛法，明帝在位，才十八年耳。其后乱亡相继，运祚不长。宋、齐、梁、陈、元魏已下，事佛渐谨，年代犹促。唯梁武帝在位四十八年，前后三度舍身施佛——其后竟为侯景所逼，饿死台城，国亦寻灭。事佛求福，乃更得祸。由此观之，佛不足事，亦可知矣。”——《论佛骨表》

由于这一篇《论佛骨表》，你挑衅了整个朝廷的信仰和权威，挑战了那个你一直以为会为百姓着想的皇帝。

宪宗皇帝看到这份奏折时，脸上的笑容瞬间凝固。他怒目圆睁，愤怒地将奏表掷向地面，咆哮着：“岂有此理，岂有此理！大胆韩愈，竟敢上表咒朕，来人，传旨下去，立即将韩愈斩于独柳树下！”

那一刻，空气仿佛凝固了。

你知道，或许死神就在眼前，或许你已经无力回天。然而，你不后悔，因为你知道，你为自己的信念站立，哪怕是对抗整个世界。

就在宪宗准备下达极刑命令时，宰相裴度和崔群挺身而出，为你求情，他们深知你的忠诚和刚直，知道你心中是为国家、为百姓着想。经过一番努力，宪宗的怒火渐渐平息，他最终决定将你贬为潮州刺史。

（五）

元和十四年（819），长安的寒风刺骨，天际间大雪如席，铺天盖地而来。你匆匆上路，单凭一匹马与自己做伴，心中未曾有丝毫停歇的想法。潮州，这片远在南方的土地，等待着你去履行一个不容回避的责任。

走到蓝关时，雪下得愈加猛烈，风雪仿佛要把你吞噬。在那苍茫的雪原上，你的马停了下来，似乎不愿再走。你心中有种莫名的失落与沉重。你想起了屈原的《离骚》，想起无数先贤在困境中写下的诗句。

你把缰绳紧紧握住，拉着马，步履艰难地行进。

就在这时，前方的雪地中，有个黑点在微微跳动。你不由得加快了步伐，走近了才看清，那是一个戴着斗笠的人。他将斗笠掀开，露出了一张熟悉的面孔。你不禁愣住了，那人正是你的侄孙——韩湘。

你一下子冲上去，将他揽入怀中，眼中充满了无尽的复杂情感。你感受到他身体的温暖，也感受到自己内心的泪水悄然涌上。

你用尽全力将他抱紧，仿佛在这一刻，所有的痛苦与艰辛都不再重要。

“你怎会在这里？”你哽咽着问。

韩湘不说话，只是轻轻低头，眼中有些不安。

你心中一酸，眼泪不禁涌出。你感慨万分，掏出纸笔，写下了那首传世之作——《左迁至蓝关示侄孙湘》。

左迁至蓝关示侄孙湘

一封朝奏九重天，夕贬潮州路八千。
欲为圣明除弊事，肯将衰朽惜残年！
云横秦岭家何在？雪拥蓝关马不前。
知汝远来应有意，好收吾骨瘴江边。

这首诗，你是当成遗书来写的。

这首七言律诗，凝聚了你对家人的深情，也体现了你在命运洪流中的坚韧与不屈。你写下这首诗时，心中或许有着无尽的惆怅与迷茫，但你依然坚信，正义与理想会在这片风雪中找到属于自己的归宿。你的笔，深沉而有力，字里行间饱含着你与这个世界抗争的决心。

潮州，那个被历史和人们所遗忘的边陲之地，在你到来时，似乎有了新的生机。

你第一次踏上潮州土地的时候，正值盛夏。一轮烈日悬挂高天，毒辣的阳光晒得江水滚烫，沿途村落零星散落，炊烟袅袅，夹杂着陌生的南方乡音，让你倍感孤独而怅然。你远望着那条奔腾不息的江水，听潮州百姓称呼它为“鳄溪”，江水汹涌湍急，犹如一条巨龙盘旋在土地之上，让你心中徒增几分沉重。

到任不久，便有官员向你汇报说，江边的妇人们每日挑水洗衣，总能见到放排工赤身露体，伤风败俗，女子们纷纷告到衙门，要求惩治。听闻此事，你心中虽觉不妥，却觉得事有蹊跷，非亲自探访不可，于是便决定前去江边看看究竟。

次日清晨，你带着两名随从穿过茂密竹林，踏上崎岖的小道，步履稳健。脚下泥土潮湿而黏重，空气中散发着青草的气息。还未靠近江边，便听见隐隐的号子声和沉重的木头相互撞击的声音。你走近江岸，放眼望去，十几名放排工人正在湍急的江水中穿梭忙碌。

你停住脚步，静静观察。只见他们黝黑的脊背在阳光下闪着光，肩膀与手臂满是伤痕，时而扛着巨大的杉木，奋力推入江中；时而跃入江水里，捆扎漂浮的杉排。湿透的衣服紧贴在身上，黏湿沉重，稍稍干了，又再次被江水浸透，循环往复，无一时片刻干爽。他们的脸上虽写满坚毅，却也难掩疲惫和痛苦。

你眉头紧锁，心底有些酸涩。江边，几个妇人正在提桶洗衣，见你前来，纷纷停下手中的活计，低头后退几步。你转过头，柔声问一位上了年纪的妇人：“老夫人，这些工人为何裸身劳作？”

妇人低头说道：“回大人，这些汉子每日湿衣湿裤的，日子久了身子受不了，便索性光膀子干活。可咱妇道人家，终究抹不开脸，便告到了官府……”

你听罢，没有立即回话，只是默默地走到江边一块石头上坐下，看着那些工人一趟一趟从江水里爬出，呼吸沉重，忍不住叹了一口气。

忽而一阵风吹来，你望着江边悬挂晾晒的布巾，若有所思，眉宇间渐渐舒展开来。

傍晚回到衙署，你立即派人通知江边放排工：从今往后，扎排放排之时，可以不再穿着衣服，仅需在腰间围上一块布，遮羞即可。

消息一经传开，江边的工人无不欣喜若狂。放排工们特地找来质地厚实的粗布，裁剪成长长的布条，紧紧系于腰间，从此便称之为“水布”。那些工人再下江干活时，只需围上水布，身轻如燕，不仅少了束缚，也避免了风寒病痛的侵袭。

数日之后，你再次来到江边，看到那群工人腰间扎着布条在江水中奔忙，神采奕奕，健壮有力的身躯透着蓬勃的生命力。江边的妇人们依旧在洗衣挑水，脸上却多了几分轻松，眼神中再无从前的不满与躲闪。

潮州瘴气弥漫，天空总是沉沉地压着云层。你还未曾熟悉这南方土地的潮湿闷热，一场铺天盖地的大雨便汹涌而至，雨势绵延数日不绝。

你推开衙署门扉，只见城外洪水浩浩荡荡地涌来，田园村舍转眼变作一片白茫茫的泽国，百姓们在风雨中哭号奔走，你的心倏然沉了下去。

你没有犹豫，唤来了随从张千、李万，骑上一匹乌骓马，直奔城北巡视。风雨未歇，你披着蓑衣，任凭雨滴敲打着你的眉梢鬓发。抵达城北，只见远处青山之下洪流奔腾而下，浊浪翻滚，发出震耳欲聋的怒吼声。

你勒住缰绳,在风雨中沉默片刻,仔细观察了水流方向与地形走势,随即回头对张千与李万说:“跟着我的马走,插上竹竿,做个记号。”

“是,大人!”随从们不明所以,却不敢迟疑,紧紧跟随在你的身后。

雨水迷蒙,泥泞湿滑,你驾着马缓缓前行,泥水溅湿了你的衣袍,你却浑然不觉,只专注地凝望着地势和水势。走过一处,便示意随从插下一根翠绿的竹竿。就这样,行走了约莫半个时辰,你回头望去,一条清晰的竹竿线条在雨幕中若隐若现,宛若一道绿色的堤坝已悄然筑成。

你长长地舒了一口气,轻轻地说:“就照这些竹竿的位置,让官吏百姓们赶紧筑堤,抵御洪水。”

张千疑惑道:“大人,这竹竿真的能挡住洪水吗?”

你不答话,只回以沉稳而笃定的目光。张千见你神情坚定,不再言语,急忙去通知百姓前来筑堤。然而,当百姓们手持锄头、铁铲赶到城北时,纷纷惊呼起来。原来,沿着你插下的竹竿处,在水流的冲刷下,竟不知何时隆起了一道新生的山坡,如苍龙伏卧,挡住了汹涌的洪水。

百姓们望着这奇迹般的景象,纷纷跪地,感动流泪。一个须发斑白的老翁颤抖着对你说:“韩大人,您真是神人啊!”

从此,这新生的山脉便名为“竹杆山”,百姓口耳相传,都说是韩文公骑马牵出了这座护城的山脉。你心知肚明,这不过是巧合罢了,而你,始终未曾把自己当作什么神人。

但潮州的灾患不止于此。不久后，你又听说潮州城外江中恶鳄为患，屡屡伤人吃人，百姓们苦不堪言。

一天傍晚，衙役急匆匆地闯进来汇报：“韩大人，不好了！江中鳄鱼又害人了！”

你猛然起身，心中如刀割一般难受，咬紧牙关，目光如炬：“此患不除，百姓怎能安宁？”

你随即令人备下祭坛、祭品，决定亲自前往江边驱赶鳄鱼。第二天清晨，你踏着露水来到江边，摆好了祭坛，庄重地站在江畔。

百姓们站在远处，忧心忡忡地望着你，谁也不敢靠近。你却神色坦然地面对江水，缓缓抬起手，声音洪亮而坚定地喊道：“鳄鱼！鳄鱼！韩某来此做官，只求造福于民，而尔等竟敢为害地方，戕害百姓！今日给你们期限，带着族群离开此地，入海而去；三日不够，五日亦可，七日为限，若七日之后再作恶行，韩某定不轻饶！”

话音未落，风似乎更大了些，江水汹涌翻滚，仿佛隐隐约约有水底之物回应着你的召唤。岸边百姓面面相觑，不知你此举是否有效，但在他们心中，已有了前所未有的敬佩与信任。

时光流逝，七日之期已过，你随即亲自前往河边，号召潮州健壮之士齐聚于此除鳄。

百姓们欢呼雀跃，有老人含泪跪地而泣：“韩大人神威，今日终于解了我们多年的祸害啊！”

你长叹一声，内心却并未全然欢喜。你明白，杀鳄容易，但天下那些盘踞已久的“鳄鱼”，却非一朝一夕能除尽……

后来，人们将你祭鳄之处称为“韩浦”，渡口称为“韩渡”，甚至将那原本令人闻风丧胆的江水称作了“韩江”，而江对面的青山，也因此而改名为“韩山”。

你站在江边，看着平静流淌的江水，心中百感交集。

这一刻，你不再是那个孤傲的文人，不再是那个朝堂上侃侃而谈的谏臣，而是深爱着百姓，愿意与他们同风雨、共患难的潮州刺史韩愈。

（六）

你当初被贬潮州，只因一封奏疏得罪了宪宗皇帝。那封劝谏皇帝不要迎佛骨的奏章，虽被视作狂放不敬，却句句出自你的肺腑。幸好，宪宗也逐渐体味到你的忠心，借着一次大赦，将你从偏远瘴疠的潮州改任到了袁州。

你记得抵达袁州的那一天，是个初春清晨，雨水方歇，山野清润。你下了车马，站在城门前，身后的随从悄悄议论着：“袁州倒比潮州好许多了，少了些南方的瘴气。”你却淡淡地笑了笑，不言语。

抵达袁州后不久，你便听闻当地的风俗奇特残忍：袁州百姓因家贫，将女儿抵押出去为奴婢，若超出期限赎不回，女儿便永远沦为人奴，终生不得与父母团圆。你初次听到这个风俗时，正是个黄昏，衙署的油灯摇曳不定，你脸上的神色顿时冷峻下来。

“此事可当真？”你盯着面前禀报的下属，声音微颤。

下属躬身道：“袁州历来如此。贫苦之家，实在无奈才出此下策。”

你听了，再也坐不住，披衣而起，走到窗前。窗外袁州城在夕阳中呈现出一片温暖的金色，但你只觉满目苍凉。你想起了在潮州时逝去的小女儿，那份痛楚至今未散。你心中暗自说道：“天下的父母怎能承受此等骨肉分离之痛！”

第二日清晨，你带人来到袁州城外，沿着街巷缓缓而行。你故意未穿官服，只一袭布衣，脚步轻而缓。忽然，你听见巷口处传来女子的哭泣声，那哭声压抑哀伤，似有无尽的委屈与无奈。你上前几步，看到巷口有个头发花白的老妇，正死死地拽着一个衣衫破旧的小姑娘，跪在地上苦苦哀求：“求你们再宽限几日，老婆子定会想法子凑齐银两，把孙女儿赎回去！”

面前几个壮汉不为所动，冷冷地说道：“契约已到，银钱若再交不出，这丫头便得随我们回去了！”

你心里一震，无法再看下去，疾步上前：“慢着！”

几个人惊疑地看着你问：“你是什么人？”

你没有直接答话，只目光凌厉地盯着他们：“放了这孩子，有什么事到州衙找我！”

壮汉们见你气度不凡，心生忌惮，却仍不肯放人。你转头吩咐随从，立即回衙取来钱币，把那女孩儿赎了回来。老妇抱着孙女跪在地上，感激得老泪纵横，哽咽着不断叩头：“恩公是哪位官人？老身代全家磕头了！”

你温和地扶起她：“老人家不必如此，我韩愈虽为袁州刺史，但也只是为民做应做之事罢了。”

自那日起，你便在袁州各地大力推行新政，废除了买卖奴婢的旧风俗，并亲自出面，逐一赎回那些已被卖入豪门的贫苦百姓子女。初时，官吏与豪绅们心有不服，偷偷议论：“这位新来的韩刺史，莫非又是个不知深浅的狂人？”但你不闻不问，态度坚定。

一个风雨交加的夜晚，你独坐在衙署里批阅赎人名单，忽听门外喧闹声响起。下属慌慌张张跑进来说：“大人，外头聚了一群被赎回子女的家长，非要见您一面！”

你放下手中的笔，起身推开门，雨幕中竟跪着数十位袁州的百姓。你吃了一惊，忙冲进雨里去扶他们：“都起来！莫要跪在雨地里，快起来！”

领头的一位满脸皱纹的老人抬头看你，雨水与泪水混杂在他脸上：“韩大人，您救了我们的儿女，也救了我们的心哪！我们不知道如何报答，只能跪谢您的大恩！”

你一阵心酸，眼眶湿润了，轻声道：“身为袁州之官，我只是尽了一点职责罢了，何须如此？”

老人抬头，神色庄重：“多少官员来过袁州，却没人将我们这些平民的骨肉当作一回事。只有您，才是真正将我们当作活人看待！”

此后，袁州的百姓提起你，无不竖起大拇指，感激涕零。而你的举动，也终于传回了京城，九月，唐穆宗特意下诏召你回京，任命为国子祭酒。

临别袁州那日，数百名曾被你拯救的男女老幼自发聚集在城门外相送，送你的路上，遍布了鲜花与果实，甚至还有老人为你执手相送。你望着那些流泪的百姓，心中波澜起伏，感慨万千。

回到长安已是隆冬季节，飞雪飘扬。你望着熟悉而又陌生的京城街道，内心回想的，竟满是袁州百姓的声音与面容。他们对你的感激与温暖，远胜于这京城的繁华与喧嚣。

“为官一任，当造福一方。”你低声喃喃，眼神坚定。这一幕幕，你从未忘记。

元和十五年（820）冬日，你再度踏上长安城中熟悉的土地。此时的京城仍是肃杀寒意，街巷的积雪还未完全融化，马蹄踏过之处，留下阵阵寒声。你归来之日，宪宗已不在人世，新帝穆宗刚刚登基，朝廷上下，人人小心翼翼，处处是犹疑观望的气息。

未过多久，你被任命为兵部侍郎，正当你准备安心在京城度过一段平静日子时，河北镇州却忽然起了兵变。成德节度使田弘正惨遭杀害，麾下兵马使王廷凑趁势自立，竟然向朝廷公然索求节钺。穆宗震怒，朝廷上下哗然一片。

次年二月，朝廷下诏赦免了王廷凑，但局势依旧难以收拾。关键时刻，穆宗选中了你，命你为宣慰使，前往镇州安抚叛军。消息传开，京城顿时议论纷纷，百官个个忧心忡忡。元稹来看你，忧愁满面地说道：“退之兄，镇州危局，实难料也。你此去，只怕凶多吉少，可惜，可惜啊！”

你笑着拍了拍他的肩头，轻声却坚定地回答：“自古为臣，若皆贪生畏死，朝廷何以立？天下何以治？我韩愈今日为国而行，纵然刀斧相迎，也必无悔无惧！”

出发那日清晨，天空飘起了雪花，穆宗忽然派使臣追到长安城门之外，急切地叮嘱你：“圣上有旨，请韩侍郎抵达成德地界之后，务必谨慎观察局势，切不可贸然入城。”

你站在飘雪的城门口，拱手向宫城方向行了一个深深的礼，却并未回头，只淡淡答道：“陛下如此吩咐，是以仁义待臣；但我作为臣子，却不能因此而临阵犹豫。不入虎穴，焉得虎子？望陛下安心！”

马蹄踏过积雪，踏过无数担忧的目光，孤身一人的你逐渐消失在风雪交织的路途之中。

镇州城外，寒风凛冽如刀，迎你的竟是一排排拔刀张弓的将士。他们神情冷漠，刀刃寒光闪烁，你却平静如水，缓缓从他们面前走过，镇州士卒们从未见过如此从容镇定的使臣，一个个不觉愣在原地。

你进了驿馆，王廷凑假装笑意盈盈地迎上前来，满面赔罪道：“韩大人啊，方才将士们如此无礼，并非本帅本意，而是士兵骄横，不受管束，还望大人见谅。”

你眉头微微一皱，冷冷地凝视着他，声音低沉而带着一种天然的威严：“朝廷以为你有将帅之才，才封你为节度使，岂料你连自己麾下兵卒都无法约束？堂堂主帅，竟被士卒如此挟制，难道不感羞愧？”

王廷凑脸色顿时涨红，不敢和你对视。院外的士兵听到此言，有人怒不可遏，拔剑踏步而入，厉声说道：“先太师王武俊为国家平定朱滔叛乱，血衣犹在镇州。我等忠心朝廷，朝廷为何视我等如贼寇！”

你看着士兵满脸的愤怒，却微微一笑，语气反而温和了几分：“你们尚能记得先太师的功绩，实在难能可贵。但你们可记得，先太师起初亦曾反叛，后悔悟归顺，终得封侯拜相，功成名就。从安禄山、史思明到吴元济、李师道，这些叛乱者的子孙，如今可有一人存活为官？”

众士卒沉默不语，面露犹豫。你接着朗声道：“田弘正当年举魏博归顺朝廷，他的子孙虽然年幼，却皆得朝廷恩封，享受荣华；王承元举成德归顺，尚未成年便封为节度使；刘悟、李祐原为叛军之属，归顺后，如今个个官至节帅。诸位，这些例子，你们难道不曾听说？”

士兵们低下了头，有人低声说：“田弘正待我等过于苛刻，我等亦是无奈。”

你神色陡然严厉，冷声质问：“苛刻？便是苛刻，你们亦不该杀死田弘正，更不该残害其家人！如此行径，还有天理吗，还有良心吗？”

院中的士兵顿时一片安静，渐渐低下头去，有人眼中甚至泛起了愧疚的泪光。

王廷凑见局势不妙，连忙挥手命令士卒退下，方才转头对你低声道：“韩大人，此次朝廷派您前来，到底想让我如何？”

你淡淡地说：“你如今仍然围困深州，朝廷的将领牛元翼虽有失误，却毕竟是朝廷之臣。神策军中如牛元翼者不在少数，朝廷皆顾全大局，未曾加罪。你又何苦如此执拗不放？”

王廷凑沉默片刻，终于点头说道：“韩大人所言极是，我便撤军放他出城吧。”

夜幕降临，宴席方开，忽报牛元翼已经乘机突围，王廷凑惊怒之下正欲追赶，你却镇定地按住他的手臂，缓缓说道：“事已至此，何苦再添无益杀戮？”

他愣了片刻，最终只有叹息一声，挥手让兵卒退了下去。

镇州城头，风吹过千里平原，带着丝丝寒意。你站在高处，遥望无尽的夜幕与星辰，心中却百感交集。

也许，这世上再没有第二个韩愈，但你知道，自己将义无反顾，直到终老，绝不回头。

长安的冬天总是冷得让人难以忍受。

你站在京兆尹府的门前，望着漫天飘洒的雪花，心中似乎在思索着什么。几个月前，你刚刚被朝廷晋升为京兆尹，这个职位曾经让无数权贵为之争斗，对于你来说，这份权力并不意味着你可以心安理得地享受荣华，而是意味着你有更多的责任需要承担。

你总是如此，手中握有权力时，心里却装着更多的百姓疾苦。

一切都发生得那么快，仿佛你还未完全适应新的身份，社会秩序的混乱便早早地呈现眼前。

当时，在你的辖区中，许多王公贵族的禁军兵痞常在市面上为非作歹，甚至与当地官员勾结，肆无忌惮。你知道，若不采取措施，情况必将更加恶化。而你也早已不耐烦这股腐败的气息。

你决定迅速改变这一切。你从不顾忌这些权贵的背景，也不在乎他们是谁的儿子孙子，那些被抓到的不法之徒，不仅在法庭上接受审判，更依照律法在牢狱里吃足了苦头。那些兵痞大多没见过如此铁腕的治法，许多回家后连大门都不敢出。一时间，治安情况大为改观，街头巷尾的百姓渐渐恢复了往日的安宁。

之后，你被改任兵部侍郎。时间飞逝，长庆四年（824）。你感到自己的身体开始逐渐透支。

你常常在深夜回想着自己所经历的一切，感到一种从未有过的疲惫。

如今，已不再年轻的你，心中渐渐有了对平淡生活的向往。你开始享受那些宁静的日子，和朋友们一起外出踏青，偶尔也会沉浸在那安逸的诗词歌赋之中。你写下《早春呈水部张十八员外》，来慢慢享受这种清新与宁静的生活：

早春呈水部张十八员外

天街小雨润如酥，草色遥看近却无。

最是一年春好处，绝胜烟柳满皇都。

长庆四年（824）十二月二日，你安静地闭上了眼睛。

是的，你的故事结束了，但你的一生，经历了无数波折和挑战，但你始终保持着那份对理想的执着与坚守。

一口气概述

他的名字，叫作韩愈。

他是唐代著名文学家、思想家、政治家，被誉为“唐宋八大家”之首，是古文运动的倡导者之一。他主张继承先秦两汉时期的散文传统，反对盛行的骈体文。韩愈的文学成就不仅在于其作品中气势磅礴，说理透彻，逻辑性强，还在于他勇于直言，敢于揭露社会问题的风骨，形成了独特的“韩文”风格。

在文学创作方面，韩愈最为突出的是他对古文的复兴，他推动了唐代文学风格的转变，将古文运动推向高潮。他的散文言辞犀利，直白且慷慨激昂，特别是在政论文章上敢于批评时政，表露自己对于社会问题的忧虑。例如，《论佛骨表》便是他在朝廷上大胆反对佛教影响，力图恢复儒学传统的一篇作品，展示了他不畏权贵、敢于直言的胆略。

除了政论文章，韩愈的诗歌也具有独创性。他的诗风常带有雄奇、奔放的气势，尤其是在描述自然景象时，善用大胆的想象和奇异的意象，这使得他的诗在唐代诗坛中独树一帜。韩愈的诗歌不仅继承了盛唐时期的豪放风格，还在艺术技巧上有所创新，增强了诗的表现力，开辟了唐代诗歌的新天地。

作为一名儒学的坚定倡导者，韩愈主张“忧天下”，强调“兼济天下”

而非“独善其身”。在政治上他态度积极，关心国家大局，并反对藩镇割据，强调国家统一。在朝廷中，韩愈始终坚持自己的原则，敢于与权贵对抗，尤其是在处理政治事务时，常常不惧得罪上级，敢于直言。他因为忠诚与直率在官场上屡次受挫，但也因刚直不阿、坚持正义的精神赢得了历史的尊敬。

韩愈不仅在自己的创作中开创新风，也注重选拔和培养人才，提倡教育。他推崇儒学道统，致力于为国家选拔人才。他的“韩门弟子”影响深远，不少后来的知名人物都曾受到他的教诲，正如他自己所言：“为国家树根本之道。”

他的成就不仅体现在文学创作和政治态度上，还体现在他对社会现实问题的深刻洞察和关注。他的作品既有理性思考，又具备感性表达，能够触动读者的内心。他的文风独树一帜，他勇于打破传统，创造出一批具有创新精神的作品，成为后人效法的楷模。

他不仅是一位文学大师，也是一位为国家、为民众尽忠职守的政治家和思想家。

他的名字，叫作韩愈。

说到韩愈，我脑海里浮现的总是一个倔强、孤独，又特别坚定的人。他不讨好世界，也不被世界讨好。

韩愈这个人，怎么说呢？他就像是那个时代中的“异类”，敢站出来，拂去那些蒙尘的规矩，大声疾呼：文字不该只供人玩弄，更不该沦为官场的装饰品，而应当承担起道义与担当。他反对华而不实的骈文，推崇朴素自然的古文，看似“逆流而行”，实则唤醒了文学的良心。

然而他总显得那么固执。世人皆知他的“谏迎佛骨”，他那封《谏迎佛骨表》，把他送到了贬谪的边缘，甚至差点送上刑场。

试想，一个才华横溢的人，本可以悠闲自得，做个圆滑世故的文人，为什么偏要拿自己的前途冒险呢？或许，他在骨子里有一种近乎执拗的清醒。在他的笔墨之下，藏着无数个夜晚的辗转反侧。他所坚持的，不只是反对迎佛骨，而是对那个盲从世界的抵抗，对内心信念的捍卫。

有时候，我甚至觉得韩愈是孤独的。他在长安热闹繁华的官场之中，看似人缘广泛，却极少有能真正走进他内心的朋友。他性格刚烈，言语犀利，不免得罪许多人，世人敬他畏他，却很少有人真正地懂他。他就像独行于旷野的一匹孤狼，宁愿独自啸月，也不愿随波逐流。

然而，这个固执的孤独者，也有着温柔的一面。他是那个会在半夜梦见侄儿后，爬起来写下《祭十二郎文》的叔叔；是那个面对才华横溢的李贺被排挤时，能够写下为他力争公道的《讳辩》的前辈；也是那个深信“业精于勤荒于嬉，行成于思毁于随”的严厉导师。他严肃而不失温情，冷峻而不乏柔软。这种反差，让他更真实，也更让人心生敬意。

回望韩愈的一生，有锋芒毕露的勇气，有坚韧的坚持，有说不出的孤寂，也有一丝淡淡的悲凉。

人们评价他挽救了文风，振奋了士气；可在我看来，他不过是用一生，坚守着自己的初心，不曾妥协罢了。

是啊，他从年轻时就流淌的热血，也许从来没凉过半分。

写在最后的话

好久不见，我是子非秋月。

写完这本书的最后一章时，我在夜里独自坐了很久。窗外一片安静，只有一盏柔和的台灯散发着微凉的光晕，照着桌上的电脑。我坐在那里，安静得仿佛能听到时光静静流淌的声音。那些陪伴了我数月，甚至数年的唐宋诗人，此刻似乎也安静下来，围坐在我身旁。他们的面容渐渐清晰，我甚至能感觉到他们呼吸的节奏，感受到他们遥远却依旧温暖的目光。

《纵马踏花向自由》这套书写到第二部，我想，这不仅是我写给诗人的一封长信，也是写给我们的。

当初提笔写下这部作品时，我心中有过很多迟疑，也有过很多期待。历史浩瀚如海，而我不过是在岸边捡拾贝壳的人。拾起的那些碎片，每一个都曾浸染过诗人的心血、眼泪和欢笑，都曾在千年的岁月中漂泊，承载着悲欢离合、荣辱得失。

而如今，我终于完成了这场穿越千年的旅程，回望来路，那些诗人依旧栩栩如生。

在长达几年的时光中，我通过文字与想象穿越时空，一次次走进他们的世界，拨开历史的迷雾，更多人的影子一点点显现出来：我看见柳宗元满脸风霜地蹙眉凝望小石潭中的游鱼；看见刘禹锡在洛阳城的大笑时映在眼中的落日；看见朱淑真在深秋的庭院里独自低头时眼角的泪滴，看见晏殊在皇宫的落花旁默然远眺掠过细雨的燕子……他们的身影，渐渐变得清晰，不再只是教科书里干瘪的姓名，而像是我熟识已久的朋友，在我沉默、犹豫、痛苦的时候轻声道一句:“我懂你。”

我常常在想，我们和他们，相隔千年，究竟有多少相似之处？一开始我以为并不多，后来我才发现，原来我们不过都在人世间寻一个去处——有人想逃离尘嚣，有人想成就功业，有人渴望归乡，有人寻找爱与理解。那种孤独、那种奋力挣扎、那种脆弱下的坚定，是横跨千年的人类共有的情感，就像一根绳索，从他们的胸口延伸到我们的掌心。

很多读者曾问我：“秋月，为什么你总愿意去写他们？”

我想了很久，最终只能轻声一答：“因为他们在痛着的时候，也没有忘记去写诗。”

在那些风雨飘摇的年代，有人举笔即有万钧之势，有人落墨便能催泪三分。他们在一次次的命运起伏中，把一腔情绪酿成酒，把不愿屈服的灵魂砌进字句之间。人生不过百年，而诗意却能千年不朽。

有一晚，我翻着王勃的《滕王阁序》，忽然鼻子一酸。那句“落霞与孤鹜齐飞，秋水共长天一色”，已被无数人读过、背过、引用过，那一晚我却第一次真正明白，它不是一句对“景色”的描写，而是对“人生”的隐喻。它说的是——在人生的长河中，最美丽的瞬间往往是最孤独的时刻与最宽阔的视野相遇。当你站在高处时，看尽天涯路，或许才会发现，那些你追求的远大和高远，其实就在你的眼前，只要你愿意停下脚步，放宽心境，与这世界广阔的天地一同呼吸。

一整本书，写到最后，我才真正懂了它的名字——《纵马踏花向自由》。

“纵马”是少年气，是奋不顾身；“踏花”是诗意，是温柔与细腻；而“向自由”，是所有漂泊灵魂的归宿，是每一个在现实中跌跌撞撞过的人，心底的热望。

我们这一代人太容易焦虑了，有太多标准和评价体系把我们推着向前跑。我们想优秀，想被理解，想拥有稳定又自由的生活，可往往越是想得到的，越是难以抵达。我们害怕落后，也害怕停下；我们拼命读书、工作，害怕被这个世界抛下，却忘了问问自己：“我真正想要的，是什么？”

在写这本书的过程中，我看见一个又一个诗人面对命运的方式：王安石在政治变革的巨浪中坚持自己的理念，用一生秉持着“不畏浮云遮望眼”的信念；黄庭坚一生为国为民，仍能写出最美的友情诗“桃李春风一杯酒，江湖夜雨十年灯”；蒋捷在感受生命的哀愁中，仍能绘情绘景“悲欢离合总无情。一任阶前、点滴到天明”；范仲淹面对国家兴亡，展现了他的责任感，铿锵有力地写出“先天下之忧而忧，后天下之乐而乐”……

这些诗人，每个人都有属于自己的悲喜，他们面对命运的方式不同，却都留下了珍贵的诗句，告诉我们生命的真谛。他们并没有被历史的风尘淹没，反而成为夜空中闪耀的星辰，千年不灭。

当你读到这里时，我想对你说——

或许，你此刻正站在人生的十字路口，或许你正被生活的压力压得喘不过气，或许你正感到孤独、茫然，甚至绝望。但别忘了，这些诗人，他们曾经也和你一样迷茫过、挣扎过，但他们最终把那些困苦都熬成了诗意，点亮了后人的生命。

我希望读到这本书的你，也能因此有所触动。希望你在夜深人静时，不只是对着手机发呆，而是能翻开一页纸，听听另一个灵魂穿越千年的呢喃。希望你能在现实的一次次拉扯里，留住那一点点不愿妥协的勇气。希望你被这个世界打败很多次，依然相信，诗意的、自由的生活，是可能的。

如果你愿意，这本书就是你随身携带的一把钥匙，能在疲惫之时，轻轻地替你打开一扇窗。窗外不是远方，而是你内心里久违的风景。

而我会一直写下去，写他们的故事，也写你的故事。

因为我们都值得被温柔地讲述。

此刻，夜色很深，我已写完这一行字。可我知道，这不是结束，好像，是另一段旅程，开始了。

感谢这些诗人，也感谢阅读到这里的你。愿你在接下来的岁月里，依然赤诚，依然温柔，依然愿意纵马踏花，奔向那个叫“自由”的地方。

永远与你在诗意中相逢的
子非秋月